2022년 1월 10일 1판 4쇄 **펴냄**
2018년 8월 25일 1판 1쇄 **펴냄**

펴낸곳 (주)효리원
펴낸이 윤종근
글쓴이 HR기획
등록 1990년 12월 20일 · **번호** 2-1108
우편 번호 03147
주소 서울시 종로구 삼일대로 457, 406호
전화 02)3675-5222 · **팩스** 02)765-5222

ⓒ 2018, (주)효리원

잘못 만들어진 책은 구입하신 서점에서 바꾸어 드립니다.
ISBN 978-89-281-0593-9   74300

이메일 hyoreewon@hyoreewon.com
홈페이지 www.hyoreewon.com

사진 Shutterstock.com
표지 artistVMG / cowardlion / Torsten Pursche
AGIF 153쪽 / aminkorea 94쪽 / ARTYOORAN 47쪽 / Astrelok 72, 109, 129쪽 / BaitoeyPYN 80쪽 / fstockfoto 153쪽 /
Hadrian 49쪽 / Haobo Wang 125쪽 / imtmphoto 97쪽 / Iurii Osadchi 156쪽 / Jack Hoyes 63쪽 / Kanokratnok 151쪽 /
Keith Homan 53쪽 / Leonard Zhukovsky 156, 158쪽 / Lukiyanova Natalia frenta 44~45쪽 / Mieszko9 95쪽 /
nndrln 43쪽 / Panwasin seemala 105쪽 / Sagase48 107쪽 / Savvapanf Photo 55쪽 / Scharfsinn 127쪽 /
Son Hoang Tran 134쪽 / Stefan Bruder 104쪽 / The Kimmi 137쪽 / Thomas Quack 111쪽 /
Truba7113 54, 106, 143, 144쪽 / Viktoria Gaman 114, 117, 125쪽 / withGod 142쪽 / Yeongsik Im 64, 68, 70~71쪽

통일을 원하는 **같은 민족** 다른 나라

남북한
얼마나 다를까?

소형차의 북한말은? **발바리차!** 어때, 재밌지?

HR기획 글

 효리원
hyoreewon.com

머리말

우리 민족이 서로 등을 돌린 채 남과 북으로 나뉜 지 어느새 70년이 훌쩍 지나고 말았습니다. 그동안 온 겨레는 둘로 나뉜 우리 땅을 하나로 합치고, 서로 자유롭게 오갈 수 있게 될 통일의 그날을 애타게 기다려 왔습니다.

70여 년은 결코 짧은 세월이 아니었습니다. 하지만 포기하지 않는 끈질김 덕분에, 이제껏 차가운 기운만 감돌던 남북한은 차츰 얼었던 마음을 녹이고 한 발 한 발 다가서고 있습니다. 그 성과로 금강산 관광과 개성 공단, 문화 예술 교류 등이 이루어졌으며, 남한과 북한의 최고 지도자가 한 자리에 앉았습니다. 나아가 일부 이산가족이 부모 형제를 찾을 수 있었지요.

이제, 통일에 대한 희망이 예전처럼 어둡지만은 않습니다. 앞으로 계속해서 대화의 장을 마련하고, 서로 화해하고 협력한다면 머지않아

통일은 이루어질 것입니다.

요즘 남한은 '북한 이탈 주민'의 입을 통해 북한의 실상이 많이 알려지고 있습니다. 하지만 철저히 외부와 차단된 고립 국가인 북한 사회에는 아직까지 남한의 실상이 제대로 알려지지 않고 있습니다.

우리 민족의 오랜 염원인 통일이 이루어질 그날을 위해, 남과 북은 서로를 보다 많이 알고 다른 점을 이해하는 일이 무척 중요합니다. 서로를 이해하는 폭이 넓어질수록 70여 년이라는 분단의 벽은 점점 더 얇아질 것이기 때문입니다.

남과 북이 보다 폭넓은 시선으로 서로를 바라봤으면 좋겠습니다. 누가 뭐래도 우리는 한 핏줄이기 때문입니다. 더불어 이 책을 읽으며 통일을 이루는 길은 과연 무엇인지 생각해 보는 계기가 되었으면 합니다.

1 자연 환경

남한 땅과 북한 땅은 어떻게 다른가요? ·········· 22
면적 / 지형

우리나라에서 가장 추운 곳은 어디예요? ·········· 28
기온 / 강수량

2 정치

북한도 남한처럼 직접 지도자를 뽑나요? ·········· 39
일당 독재 체제 / 수령 유일 지배 체제

북한의 정치를 맡은 기구에는 어떤 것들이 있나요? ·········· 44
행정 기관 / 입법 기관 / 사법 기관 / 조선 로동당

한라에서 백두까지 ❶   3대 세습 김정은 시대 ·········· 48

3 경제

남한의 돈으로 북한에서 물건을 살 수 있나요? ·········· 52
북한에서는 물건을 어떻게 만드나요? ·········· 57

한라에서 백두까지 ❷   남북 이산가족 상봉 ·········· 60

 군사

북한에서도 어른이 되면 군대에 가야 하나요? ·········· 62
체제와 규모 / 조직 / 대상

북한에는 인민군 외에 또 다른 군대가 있나요? ·········· 70
체제와 규모 / 조직 / 대상

5 학교생활·교육

북한에도 초등학교가 있나요? ·········· 74

북한의 학교에서는 무엇을 배우나요? ·········· 77
초등 교육 / 중등 교육 / 고등 교육

북한에도 과학과 예술을 배우는 학교가 따로 있나요? ·········· 81

한라에서 백두까지 ❸ 금강산 관광과 남북 문화 교류 ·········· 82

사회

남북한 인구를 모두 합치면 얼마나 되나요? ························· 86
총인구 / 인구 증가율 / 평균 수명 / 성비

북한에는 아직도 신분의 차이가 있나요? ·························· 92

북한에서는 시·도를 어떻게 나누나요? ·························· 94

남북한을 상징하는 것은 무엇인가요? ···························· 99

주민 생활

북한 주민들의 하루 일과는 어떻게 짜여져 있나요? ················ 100

북한 주민들은 어떻게 생활하나요? ····························· 104
의생활 / 식생활 / 주생활

북한에서는 어떻게 직장을 구하나요? ··························· 110

북한에도 결혼식장이 있나요? ·································· 112
시기 / 배우자 선택 / 결혼식

북한에도 명절이 있나요? ····································· 114
국가 명절 / 민속 명절

한라에서 백두까지 ④ 북한의 식량난 ···························· 118

8 문화

북한의 문화 정책은 어떻게 이루어지나요? ·········· 120
남한말과 북한말은 많이 다른가요? ·········· 121
북한의 방송에는 어떤 프로그램이 있나요? ·········· 126
텔레비전 / 라디오
북한의 신문에는 어떤 기사가 실리나요? ·········· 131
북한에서도 예술 활동을 하나요? ·········· 132
문학 / 음악 / 미술 / 영화 / 연극
북한에는 어떤 종교가 있나요? ·········· 146
북한에서 가장 유명한 관광지는 어디인가요? ·········· 149

9 체육

북한의 체육 정책은 어떻게 이루어지나요? ·········· 152
북한에서 가장 큰 운동 경기장은 어디인가요? ·········· 155
북한의 운동 선수들은 어디에서 훈련을 받나요? ·········· 157

부록 ❶ 아직도 궁금한 게 남았다고요? ·········· 160
부록 ❷ 6·15 남북 공동 선언문 / 4·27 판문점 선언(전문) ·········· 166
부록 ❸ 남북 교류 관계 일지 ·········· 172
부록 ❹ 통일, 왜 해야 하나요? ·········· 174

분단의 벽을 넘어 통일의 그날까지 1

2000년 6월 13일 오전 10시 27분 평양 순안 공항. 분단된 지 55년 만에 처음으로 남과 북의 두 정상이 뜨겁게 손을 맞잡았습니다. 오랜 불신의 벽을 허물고, 화해와 협력을 통해 만남을 지속시켜 나간다면 백두에서 한라를 잇는 통일의 길은 반드시 열릴 것입니다.

6·15 남북 공동 선언문 서명에 앞서 남과 북의 두 정상(남한의 김대중 대통령과 북한의 김정일 국방 위원장)이 마주 잡은 손을 들어 올리고 있습니다.

▲ 환송 오찬에서 남북 두 정상과 대표단 일행이 이야기를 나누며 활짝 웃고 있습니다.

◀ 남한의 김대중 대통령과 북한의 김정일 국방 위원장이 2차 단독 정상 회담에 앞서 악수하고 있습니다.

▶ 김대중 대통령과 부인 이희호 여사가 평양 예술단 어린이들과 함께 무대에 올라 박수를 치고 있습니다.

▶▶ 북한 최고의 무용가 최승희 부채춤 사위를 선보이고 있는 만수대 예술 단원들입니다.

분단의 벽을 넘어

통일의 그날까지 2

2007년 10월 2일, 남한의 노무현 대통령이 평양을 방문하여 남북 정상 회담이 열렸습니다. 사진은 남북 정상 회담에서 맞잡은 손을 높이 들고 있는 남한의 노무현 대통령과 북한의 김정일 국방 위원장의 모습입니다.

▲ 2007년 10월 3일, 평양의 백화원 영빈관에서 열린 남북 정상 회담에서 남한의 노무현 대통령 내외와 북한의 김정일 국방 위원장이 기념 촬영을 하고 있습니다.

◀ 남북 정상 회담 2차 회담 후 헤어지기 전 남한의 노무현 대통령과 북한의 김정일 국방 위원장이 악수를 하고 있습니다.

▶ 2007년 10월 2일, 평양 4·25 문화 회관에서 열린 환영식에서 환호하는 평양 시민들에게 응답을 하는 남과 북의 두 정상. 노무현 대통령이 엷은 미소를 띤 채 손을 들어 답을 하는 반면, 김정일 국방 위원장은 정면을 응시한 채 무표정한 얼굴로 박수를 치고 있습니다.

판문점 안에 있는 남한측 평화의 집에서 기념 촬영을 하고 있는 남한의 문재인 대통령과 부인 김정숙 여사, 북한의 김정은 국무 위원장과 부인 리설주 여사의 모습입니다.

분단의 벽을 넘어 통일의 그날까지 3

2018년 4월 27일, 남북이 휴전 협정을 맺은 지 65년 만에 북한의 최고 지도자로서는 처음으로 김정은 국무 위원장이 남한 땅을 방문하여 남북 정상 회담이 열렸습니다. 사진은 남한의 문재인 대통령과 북한의 김정은 국무 위원장이 「판문점 선언문」에 서명한 뒤 서로 맞잡은 손을 높이 들고 있는 모습입니다.

▲ 판문점 평화의 집에서 열린 환영 만찬에서 남한의 문재인 대통령과 부인 김정숙 여사, 북한의 김정은 국무 위원장과 부인 리설주 여사가 건배를 하고 있습니다.

◀◀ 남북 정상이 「판문점 선언문」에 서명한 후 환한 웃음을 지으며 포옹을 하는 모습입니다.

◀ 문재인 대통령과 김정은 국무 위원장이 남북 정상 회담에서 서명한 「판문점 선언문」을 교환하고 있습니다.

▶ 2018년 4월 27일 오전 9시 29분, 군사 분계선을 사이에 두고 남한의 문재인 대통령과 북한의 김정은 국무 위원장이 역사적인 악수를 나누고 있습니다. 김정은 국무 위원장은 남과 북이 분단 된 후 처음으로 남한을 방문한 북한 지도자입니다.

자연환경

우리나라는 위도상으로 북위 33°~43°에 자리하고 있어 온대 기후 지역에 속합니다. 그래서 사계절이 뚜렷하게 나타나지요. 여름에는 덥고 비가 많이 오며, 겨울이 되면 무척 춥습니다. 봄이 되면 겨우내 차가웠던 기온이 갑자기 올라가면서 대기의 습기가 증발하여 매우 건조합니다. 유난히 봄철에 산불이나 화재 등이 많이 일어나는 것도 그런 이유 때문입니다.

남한 땅과 북한 땅은 어떻게 다른가요?

면적_ 한반도라 부르는 우리나라의 국토는 아시아 대륙 동북부에서 남쪽으로 길게 튀어나와 있습니다. 삼면이 바다로 둘러싸인 반도와 그 부

 한 걸음 더

한반도의 동서남북

- **한반도의 극동** : 경상북도 독도(경도 131도 52분 42초)
- **한반도의 극서** : 평안북도 마안도(경도 124도 11분 00초)
- **한반도의 극남** : 제주도 마라도(위도 33도 06분 40초)
- **한반도의 극북** : 함경북도 온성(위도 43도 00분 39초)

근의 크고 작은 3,900여 개의 섬으로 이루어져 있지요. 섬은 주로 남해와 서해에 넓게 흩어져 있습니다.

우리 국토의 길이는 남쪽 끝에 자리한 **제주도 남제주군 마라도에서부터 북쪽 끝에 위치한 함경북도 온성군 유포진까지 약 1,000킬로미터**에 이릅니다. 하지만 해방이 되고 나서는 북위 38도선으로, 1953년 7월 27일 6·25 전쟁 휴전 이후로는 군사 분계선(휴전선)을 경계로 남과 북이 갈라지게 되

▲ 북한은 농사짓는 땅으로 밭이 많은 비율을 차지하고 있어요.
▼ 개마 고원 보리밭 전경. 평균 높이가 해발 1,340미터인 개마 고원은 한반도의 지붕이라 불려요.

남한은 농사짓는 땅으로 논이 많은 비율을 차지하고 있어요.

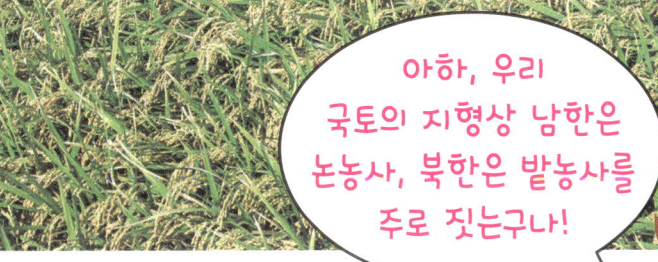

아하, 우리 국토의 지형상 남한은 논농사, 북한은 밭농사를 주로 짓는구나!

었습니다.

휴전선을 중심으로 남쪽에 자리한 **남한의 넓이는 전체 국토의 45%를 차지하는 99,720㎢**이며, 북한의 넓이는 전체의 55%인 120,538㎢입니다.

지형_ 우리나라는 국토의 70% 이상이 산입니다. 지형의 모습을 보면, 대체로 북쪽과 동쪽이 높고 서쪽과 남쪽이 낮습니다.

동해안을 따라 한반도에서 가장 긴 태백산맥과 가장 높은 함경산맥이 연이어 뻗어 있기 때문입니다.

인공위성에 담긴
눈 덮인 한반도 북부

좁고 경사가 급한 이들 산맥에서는 여러 개의 큰 강들이 시작됩니다. 또한 북한에는 한반도의 지붕이라 부르는 개마 고원을 비롯하여 10여 개의 고원 지대가 발달되어 있습니다.

북한의 하천은 대부분 고산 지대의 경사가 심한 지형을 따라 흐르고 있습니다. 그래서 **물이 흐르는 속도가 무척 빠르고 양도 많아 자원으로서의 가치가 높습니다.**

북한에는 분지도 발달되어 있습니다. 분지란, 산으로 둘러싸인 평평한 지형을 말하는데, 함경북도의 회령 분지와 평안북도의 강계 분지가 대표적입니다.

한편, 우리나라의 평야는 큰 강을 중심으로 서해안 지대에 넓게 분포되어 있습니다. 북한의 평야로는 대동강 유역의 평양 평야, 재령강 유역

남북한 주요 도시의 월별 평균 기온 (단위 : ℃)

지역	도시	1월	2월	3월	4월	5월	6월	7월	8월	9월	10월	11월	12월
남한	서울	-2.4	0.4	5.7	12.5	17.8	22.2	24.9	25.7	21.2	14.8	7.2	0.4
	춘천	-4.6	-1.3	4.5	11.6	17.1	21.7	24.5	24.6	19.4	12.5	5.0	-1.7
	강릉	0.4	2.2	6.3	12.9	17.6	20.8	24.2	24.6	20.3	15.5	9.2	3.4
	청주	-2.4	0.3	5.7	12.6	18.1	22.5	25.4	25.8	20.7	14.0	6.7	0.3
	대전	-1.0	1.5	6.5	13.0	18.2	22.4	25.0	25.6	21.3	14.7	7.5	1.2
	대구	0.6	2.9	7.8	14.3	19.1	22.8	25.8	26.4	21.7	15.9	9.0	2.9
	전주	-0.5	1.5	6.3	12.8	18.2	22.5	25.8	26.2	21.5	15.0	8.3	2.2
	광주	0.6	2.5	7.0	13.2	18.3	22.4	25.6	26.2	21.9	15.8	9.1	3.1
	부산	3.2	4.9	8.6	13.6	17.5	20.7	24.1	25.9	22.3	17.6	11.6	5.8
	제주	5.7	6.4	9.4	13.8	17.8	21.5	25.8	26.8	23.0	18.2	12.8	8.1
북한	삼지연	-17.2	-14.0	-7.8	1.4	8.1	12.9	16.2	15.8	9.6	2.4	-7.0	-14.1
	청진	-5.3	-3.3	1.4	7.5	11.9	16.1	20.1	21.9	17.8	11.4	3.5	-2.5
	혜산	-16.4	-11.3	-3.0	6.0	12.5	17.2	20.6	20.1	13.3	5.5	-4.3	-13.3
	강계	-12.7	-7.3	0.5	9.2	15.6	20.3	23.2	22.7	16.4	8.6	-0.5	-9.1
	신의주	-6.8	-3.1	2.8	9.9	15.8	20.5	23.7	24.2	19.2	12.0	3.2	-4.0
	함흥	-4.1	-1.4	3.5	10.4	15.6	19.2	22.5	23.2	18.5	12.5	5.0	-1.0
	평양	-6.0	-2.4	3.5	11.1	16.9	21.5	24.3	24.6	19.5	12.4	4.3	-2.7
	사리원	-5.4	-2.2	3.6	11.0	16.8	21.5	24.3	24.6	19.7	12.9	4.8	-2.0
	해주	-3.5	-0.9	4.3	10.9	16.2	20.9	23.7	24.9	20.6	14.1	6.3	-0.3
	개성	-4.2	-1.2	4.2	10.8	16.2	20.8	23.7	24.5	20.0	13.4	5.5	-1.2

(출처 : 「국내 기후 자료」, 기상청, 2017)

의 재령 평야, 청천강 유역의 열두삼천리 평야, 성천강 유역의 함흥 평야, 압록강 유역의 용천 평야 등이 널리 알려져 있습니다. 남한의 곡창 지대로는 김포 평야, 논산 평야, 호남 평야, 나주 평야, 김해 평야 등이 유명합니다.

우리나라에서 가장 추운 곳은 어디예요?

기온_ 우리나라는 위도상으로 북위 33°~ 43°에 자리하고 있어 온대 기후 지역에 속합니다. 그래서 사계절의 특성이 비교적 뚜렷하게 나타나지요. 온대 지방은 대체로 날씨의 변화가 커서 정확한 일기 예보가 쉽지 않습니다.

계절별 특징을 살펴보면, **여름은 열대 지방과 비슷하여 무덥고 비가 많이 오며, 겨울이면 한대 지방과 별 차이가 없을 정도로 무척 춥습니다.** 봄과 가을철에는 대체로 맑은 날씨가 계속됩니다. 그러나 봄이 되면 겨우내 차가웠던 기온이 갑자기 올라가면서 대기에 있는 습기가 증발하여 무척 건조합니다. 봄철에 산불

백두산 자락 절경을 자랑하는 비룡 폭포

"설악산의 신비한 바위들을 감상해요~!"

구름에 덮인 아름다운 설악산

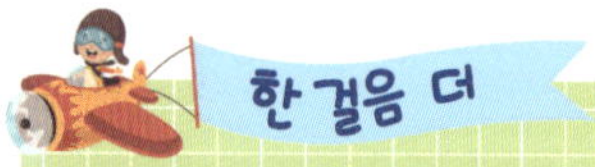

한걸음 더 백두산 천지에 대한 과학적인 탐측 작업

백두산 천지는 해발 2,190미터이고 면적은 9.16평방 킬로미터, 호수의 평균 깊이는 213.3미터입니다. 백두산 천지에서 수심이 가장 깊은 곳은 무려 384미터에 이릅니다. 세계 산정 호수 중에서 가장 깊은 호수입니다.

이나 화재 등이 많이 일어나는 것도 그런 이유 때문입니다.

한반도의 연평균 기온은 7.7~18.1℃입니다. 하지만 연교차가 심한 산간 지대를 제외한 평야와 주거지의 연평균 기온은 대략 12.5℃입니다.

우리나라에서 가장 따뜻한 곳은 제주도이며, 가장 추운 곳은

개마 고원입니다. 제주도의 겨울철 기온은 5~6℃ 정도인데 비해, 개마 고원은 영하 18~30℃까지 내려갑니다.

지역별 연평균 기온을 보면 남부 지방은 14~15℃, 중부 지방이 10℃ 안팎인데 비해 북부 지방은 3~6℃입니다. 이것으로 여름보다 겨울의 기온차가 크며, 북쪽으로 올라갈수록 그 차이가 더욱 커진다는 사실을 알 수 있습니다.

한편, 대륙과 바다의 비열 차이로 생성된 계절풍과 동쪽에 발달한 산맥의 영향으로, 동해안은 서해안에 비해, 해안 지방은 내륙 지방에 비해 기온이 다소 높은 편입니다. 특히 남한의 해안 지대는 가장 추운 1월의 평균 기온이 약 2℃ 안팎인데 반해 북한에

▲구름 바다가 장관을 이루고 있는 남한의 덕유산 국립 공원

◀해가 질 무렵의 아름다운 백두산 모습

백두산은 북한의 함경도와 만주 사이에 있구나!

있는 고원 지대는 영하 18℃로 남북간의 차이가 매우 큽니다.

강수량_ 우리나라는 6월에서 8월까지 3개월 동안 연간 강수량의 50~60%가 내립니다. 남한의 연평균 강수량은 남부 지방이 약 1,000~1,800㎜이고, 중부 지방은 1,200~1,500㎜ 정도 됩니다.

이에 비해 북한의 연평균 강수량은 높은 산이 많은 까닭에 지역에 따라 많은 차이가 있으나, 대략 1,000㎜ 내외로 남한보다 현저하게 적은 편입니다.

새 생명이 다투어 피는 백두산의 봄

싱그런 생명을 자랑하는 백두산의 여름

오색빛으로 수를 놓은 백두산의 가을

매서운 추위를 품고 인내하는 백두산의 겨울

정치

북한에서 법을 만드는 기관으로는 최고 인민 회의가 있습니다. 그리고 그 밑에는 법제 위원회, 예산 위원회, 외교 위원회 등이 있지요. 최고 인민 회의가 쉴 때는 상설 기관인 최고 인민 회의 상설 회의가 그 역할을 대신합니다. 임시 회의는 최고 인민 회의 상설 회의가 필요하다고 인정할 때, 또는 대의원 3분의 1 이상의 요청이 있을 때 소집합니다.

북한의 만수대 언덕에 세워져 있는 김일성과 김정일 동상. 이것을 통해 북한 사회가 얼마나 김일성 부자를 우상화하는지 알 수 있어요.

북한도 남한처럼 직접 지도자를 뽑나요?

남한은 자유 민주주의 국가입니다. 자유 민주주의란 국민이 직접 선거를 통해 지도자를 뽑고, 당선된 사람들이 국민의 뜻을 받들어 정치를 하는 것을 말합니다. 자유 민주주의 정치 체제 안에서는 모든 국민이 자유롭고 평등합니다.

북한은 사회주의 국가입니다. 사회주의 국가에서는 모든 것을 국민이 평등하게 나누어 갖는다는 공산주의 경제 체제 아래, 국민 모두의 평등을 보장하는 것을 기본으로 삼고 있습니다.

하지만 **북한은 조선 로동당이라는 하나의 기구가 정치를 모두 통제하고 있습니다.** 따라서 남한처럼 주민들이 직접 지도자를 선출할 수가 없습니다.

일당 독재 체제_ 일당 독재 체제란, 국가의 모든 힘을 하나의 당이 차지하고 있는 정치 체제를 말합니다. 따라서 당은 다른 기관의 협력을 얻지 않고 국가를 이끌어 나갑니다.

김일성의 80회 생일 축하 공연 모습(김일성 경기장). 북한의 집단 체조는 청소년 학생들과 근로자들의 신체를 단련시키고 그들의 조직성, 규율성, 집단주의 정신을 키우는 수단으로 활용되고 있어요.

수많은 사람이 동원되는 북한의 집단 체조!

결국 북한 정치는 조선 로동당이 모든 힘을 갖고 있습니다. 그러므로 조선 로동당 아래에 있는 다른 기관은 당에 의해 결정된 정책을 시행하는 집행 기구일 뿐입니다.

이러한 체제는 군대의 실행력과 함께 북한 통치 조직의 기본이 되고 있습니다. 국가의 모든 기관과 단체들은 물론이고 국가 전체가 조선 로동당의 명령에 의해 움직이는 것입니다.

수령 유일 지배 체제_ 수령 유일 지배 체제는 수령을 '당의 최고 영도자'로 받드는 정치 체제입니다. 북한에서는 수령이 최고로 높은 자리에서 절대적인 힘과 역할을 지니고 있습니다.

북한은 수령을 '최고의 유일한 영도자'로 떠받들고 있습니다. 그러한 사상은 북한을 폐쇄성이 강한 사회로 만들었습니다. 그런 까닭에 구 소련이나 동구권 사회주의 국가들과

북한의 최고 통치자

북한은 1998년 9월 헌법 개정을 통해 주석직을 폐지했습니다. 새로운 헌법을 보면, 정부를 대표하는 권한은 내각 총리가 갖고 실제 통치권은 로동당 총비서 겸 국방 위원장이 행사하는 체제임을 알 수 있습니다.

달리 북한의 체제는 쉽게 무너지지 않았습니다.

  북한의 수령은 김일성뿐입니다. 북한은 김일성이 사망한 이후에도 '영원한 수령'이라 호칭합니다. 다시 말해 '수령'이라는 호칭은 오직 김일성에게만 주어진 것으로 여기고 있습니다. 그러나 수령이 가진 역할과 지위는 그의 아들 김정일이 고스란히 이어받았습니다. 그리하여 김정일은 호칭만

▲ 엔 서울 타워. 서울 남산 꼭대기에 있는 전파 탑을 겸한 전망대예요.

◀ 주체 사상탑. 높이 170미터. 1982년 김일성 탄생 70주년을 기념하여 대동강변에 세웠어요.

탑을 세우는 목적이 남북한이 서로 달라!

다를 뿐, 김일성과 똑같이 북한의 실질적인 최고 지도자가 되었습니다. 그리고 김정일이 사망한 뒤에는 아들 김정은에게 그대로 이어졌습니다.

북한의 정치를 맡은 기구에는 어떤 것들이 있나요?

행정 기관_ 북한의 중앙 행정 기관은 최고 지도 기관인 중앙 인민 위원회와 행정적 집행 기관인 정무원으로 구성되어 있습니다. 또 지방 행정 기관으로는 지방 인민 위원회와 행정 경제 위원회가 있습니다.

평양의 김일성 광장에서 롤러브레이드를 타고 있는 아이들

입법 기관_ 북한에서 법을 만드는 기관으로는 최고 인민 회의가 있습니다. 그리고 그 밑에는 법제 위원회, 예산 위원회, 외교 위원회 등이 있습니다. 최고 인민 회의가 쉴 때는 상설 기관인 최고 인민 회의 상설 회의

 한 걸음 더

세상에서 가장 긴 휴전 협정

우리나라는 세상에서 가장 긴 휴전 협정 상태의 분단국입니다. 휴전 협정이란 전쟁을 잠시 중단하자는 협정으로, 법률에 의하면 전쟁 상태이기 때문에 언제든지 전쟁이 다시 벌어질 수 있는 상태랍니다.

가 그 역할을 대신합니다. 정기 회의는 매년 1~2회 최고 인민회의 상설 회의가 소집하고, 임시 회의는 최고 인민회의 상설 회의가 필요하다고 인정할 때, 또는 대의원 3분의 1 이상의 요청이 있을 때 소집합니다.

사법 기관_ 북한의 사법 기관으로는 최고 재판소, 도 재판소, 인민 재판소, 특별 재판소 등이 있습니다.

검찰 업무는 최고 검찰소, 도 검찰소, 시 검찰소, 특별 검찰소가 맡아 봅니다. 그런데 최고 재판소와 최고 검찰소는 행정 기관인 중앙 인민 위원회의 지도를 받습니다.

북한에서 말하는 삼권 분립은 우리와는 전혀 다른 형식을 취하고 있습니다. 사법 기관인데도, 실제로는 중앙 인민 위원회에 소속된 하부 기관에 지나지 않습니다.

조선 로동당_ 조선 로동당은 국가 기관이나 각종 사회 조직을 지도하고 감독하는 최고의 권력 기관입니다. 삼권 분립이란 입법, 사법, 행정, 다시 말하면 법을 만들고 그 법을 집행하며 실질적인 행정을 맡아 보는 기구가 따로 떨어져서 각각의 기구가 서

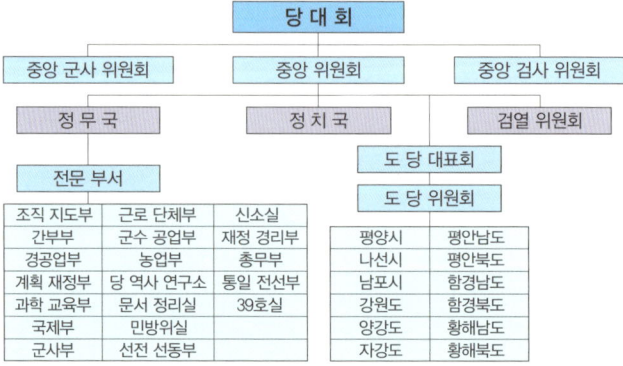

남한의 국회 의원들이 국정을 논하는 여의도 국회 의사당

국회 의원들이 모여 회의를 하는 서울 여의도 국회 의사당!

로의 일을 견제하고 균형을 유지시키면서 공평한 정치를 하기 위해 만들어진 제도를 가리킵니다.

　북한도 남한처럼 입법, 사법, 행정 등 삼권이 분리되어 있습니다. 하지만 겉으로만 삼권이 분리되어 있을 뿐, 실제 북한에서는 그 삼권이 모두 조선 로동당의 통제를 받습니다. 조선 로동당의 조직 기구로는 최고 지도 기관인 당 대회가 있습니다. 당 대회가 열리지 않을 때에는 당 대회가 뽑은 당 중앙 위원회가 최고 지도 기관이 됩니다.

한라에서 백두까지

3대 세습 김정은 시대
북한에 과연 변화의 바람이 불 것인가?

2011년 12월 17일, 17년 동안 북한을 이끈 김정일이 사망하였습니다. 그리고 이변 없이 후계자로 지정된 아들 김정은이 권력을 이어 받았습니다. 한마디로 3대 세습제가 시작된 것입니다.

2012년 4월 13일, 서른도 채 되지 않은 어린 나이에 북한의 최고 지도자가 된 김정은은, '사회주의 문명 강국'을 슬로건으로 내걸고, "조선의 현 경제 시스템으로는 힘들다. 다른 나라들의 경제 시스템을 모두 연구 해 보자. 좋다는 경제 이론도 다 가져다가 공부해 보자. 우리도 한번 해 보자.(2016년 망명한 태영호 전 영국 주재 북한 공사가 쓴 『3층 서기실의 암호』에서 인용)"라며 북한의 경제 발전을 위한 개방 개혁 구상을 내비쳤습니다.

하지만 집권 초기의 김정은은 북한의 경제 발전보다는 오직 전쟁에 주력하는 인상을 주었습니다. 2013년 2월부터 2017년 9월 3일까지 4차례나 핵 실험을 단행하였고, 90개 이상의 탄도 미사일을 발사하여 전쟁 발발의 공포를 조성하였습니다. 특히 2017년 8월 29일 북한이 발사한 탄도 미사일이 일본 상공을 지나 북태평양에 떨어졌을 때는, 미국의 영토인 괌을 공격할 가능성이 높아져 국제 사회는

북한의 핵미사일

무척 긴장을 하였습니다.

그러던 그가 변화를 보인 것은 2018년 들어서입니다. 2018년 2월 평창 동계 올림픽에 북한 선수단을 파견하고, 남북 동시 입장을 하면서 관계 개선을 위한 변화의 몸짓을 보였

북미 정상 회담을 1면 톱 기사로 다룬 해외 신문들

습니다. 그중 가장 놀라운 변화는 바로 남한의 문재인 대통령에게 만남을 요청한 것입니다.

갑작스런 북한의 요청으로 2018년 4월 27일 판문점 남측 지역에 있는 '평화의 집'에서 역사적인 남북 정상 회담이 열렸습니다. 이날 김정은의 '평화의 집' 방문은, 북한의 최고 지도자로서는 처음으로 이루어진 남한 방문으로, 남북이 휴전 협정을 맺은 지 실로 65년 만의 일이었습니다.

회담을 마친 후 두 정상은 정상 회담 합의문인 「판문점 선언」을 발표하였습니다. 선언문의 주된 내용은 핵 없는 한반도 실현, 연내 종전 선언, 남북 공동 연락 사무소 개성 설치, 이산가족 상봉 등이었습니다.

그 후 김정은은 미국 트럼프 대통령과 싱가포르에서 북미 회담을 하는 등 그동안 보여 준 '꼬마 로켓맨'의 모습에서 180도 달라진 모습을 보여 주었습니다.

2018년 8월 현재까지 북한의 최고 지도자로서 김정은의 행보는, 폐쇄적이고 은둔적이었던 할아버지 김일성이나, 아버지 김정일과는 사뭇 다른 모습입니다. 하지만 그의 변화된 모습이 북한 사회를 개방과 개혁으로 이끌기 위한 포석인지는 앞으로 더 지켜보아야 할 것입니다.

경제

북한의 경제 정책은 기본적으로 중공업과 군수 공업을 우선으로 하고 있습니다. 중공업은 철공업, 금속 공업 등 크고 무거운 물건을 만드는 산업입니다. 군수 공업은 군대에서 쓰는 물건을 만들거나, 수리하는 공업을 말합니다. 그러나 북한은 최근에 농업과 경공업, 그리고 무역 제일주의로 방침을 바꾸었습니다.

북한의 화폐. 화폐 개혁 후 새로 발행한 화폐들 중 5000원, 2000원, 1000원 권의 앞면과 뒷면이에요.

남한의 화폐. 남한에서는 50000원 권과 더불어 다양한 액면의 화폐가 통용되고 있어요.

옛 모습을 간직하고 있는 개성 시내 모습

남북한의 도시 풍경이 많이 다르네?!

호화로운 고층 건물이 즐비한 부산 해운대

남한의 돈으로 북한에서 물건을 살 수 있나요?

북한의 화폐 단위는 남한과 같은 '원'입니다. 하지만 화폐의 종류와 모양, 그리고 액수의 크기가 남한과 많이 다릅니다.

북한에서 지금 사용하고 있는 화폐는 조선 중앙 은행이 발행하는 지폐 9종과 주화 4종의 일반 화폐가 있습니다. 북한의 일반 화폐는 5000원, 2000원, 1000원, 500원, 200원, 100원, 50원, 10원, 5원짜리 지폐와 50

▶ 호화롭고 웅장한 남한의 대형 백화점

▼ 평양의 아동 백화점. 남한의 백화점과 달리 건물이 낡고 허름해서 전혀 백화점으로 보이지 않아요.

전, 10전, 5전, 1전짜리 동전이 있습니다.

이 가운데 5000원짜리는 최고액 권으로 앞면에는 김일성 얼굴, 뒷면에는 김일성 생가가 그려져 있습니다. 2000원 권에는 김정일 국방 위원장의 생가와 백두산이 새겨져 있습니다.

 한걸음 더

서울과 평양의 인구

남한의 최대 도시인 서울의 현재 인구는 1,200만 명을 넘어섰습니다. 그러나 북한의 수도이자 최대 도시인 평양의 인구는 아직 400만 명을 넘지 않고 있습니다.

남북한 국민 총소득(GNI)

시 점	남 한			북 한		
	국민 총소득 (GNI, 명목) (십억 원)	1인당 국민 총소득 (1만 원)	경제 성장률 (%)	국민 총소득 (GNI, 명목) (십억 원)	1인당 국민 총소득 (1만 원)	경제 성장률 (%)
2016	1,646,208.9	3,212.4	2.9	36,373.0	146.0	−3.5
2015	1,568,383.1	3,074.4	2.8	34,512.0	139.3	3.9
2014	1,490,736.9	2,937.7	3.3	34,236.0	138.8	−1.1
2013	1,439,644.4	2,854.8	2.9	33,844.0	137.9	1.0
2012	1,391,595.5	2,772.1	2.3	33,479.0	137.1	1.1
2011	1,340,529.8	2,674.5	3.7	32,438.3	133.4	1.3
2010	1,266,579.8	2,556.0	6.5	30,048.7	124.2	0.8
2009	1,148,981.8	2,330.2	0.7	28,634.6	119.0	−0.5
2008	1,104,414.3	2,251.4	2.8	27,347.2	114.3	−0.9
2007	1,040,091.8	2,136.4	5.5	24,826.8	104.1	3.1
2006	962,446.6	1,987.0	5.2	24,429.2	103.0	−1.2
2005	912,608.6	1,894.0	3.9	24,791.6	105.2	−1.0
2004	874,238.7	1,818.2	4.9	23,767.1	101.5	3.8
2003	807,778.0	1,686.7	2.9	21,946.6	94.4	2.1
2002	758,862.6	1,592.8	7.4	21,330.7	92.4	1.8
2001	683,447.1	1,442.8	4.5	20,287.0	88.6	1.2
2000	630,614.3	1,341.5	8.9	18,977.9	83.6	3.8
1999	570,154.8	1,223.1	11.3	18,741.0	83.3	0.4

출처 : 통계청, 2017.

▶ 평일임에도 많은 사람이 오고 가는 서울 지하철 5호선 김포 공항역

▼ 평양 부흥 지하철 역. 유사시 방공호로 쓰기 위해 지하 깊숙이 만들었어요. 전력 부족으로 조명이 어둡고 출퇴근 때를 제외하면 한산해요.

하루 지하철 이용객 수를 비교해 보았더니 서울은 약 798만 명, 평양은 약 30~40만 명이야!

이러한 일반 화폐 외에도 북한을 방문한 외국인이 외화를 사용하고자 하는 경우 외화와 교환해 주는 돈표가 8종류나 있고, 각종 기념 화폐도 발행되고 있습니다.

한 걸음 더
서울과 평양의 인구 비교

남한의 최대 도시인 서울의 현재 인구는 980만 명을 넘어섰습니다. 그러나 북한의 수도이자 최대 도시인 평양의 인구는 약 280만 명으로 서울의 절반에도 미치지 못하고 있습니다.

북한에서는 물건을 어떻게 만드나요?

남한의 경우는 시장 경제이므로 물건을 만들어서 사고파는 것이 자유롭습니다. 또한 자신이 원하는 직업을 고를 수 있으며, 능력에 따라 얼마든지 성공할 수 있지요.

하지만 **북한과 같은 공산주의 국가에서는 모든 경제 활동이 국가의 통제를 받으며, 개인의 재산을 인정하지 않습니다.** 사람이 사는 데 필요한 모든 것이 국가의 감시를 받으면서 만들어지고 배분됩니다. 개인 재산을 인정하지 않기 때문에 일하는 사람들이 일할 의욕을 잃기 쉽습니다. 그러므로 자연히 식량이나 생활 필수품 등의 생산량도 적어질 수밖에 없어요. 평양을 비롯한 도시를 중심으로 생활용품을 몰래 사고파는 풍습도 모두 이런 이유 때문에 생겨났습니다.

이런 경제 체제 속에서는 능률도 오를 리 없습니다. 애써 만들어 봐도 모두 거둬들여 조금만 나눠 주기 때문입니다. 또한 생활에 필요한 과학 기술도 발달되지 않았기 때문에 많은 시간을 들여도 적은 양의 물건밖에 만들어 내지 못합니다. 하지만 이런 나쁜 환경 속에서도 계획한 대로 물건을 만들기 위해 북한에서는 주

케이티엑스(KTX). 최고 시속이 약 300킬로미터에 이르는 남한의 고속 철도예요.

민들은 물론 학생까지도 농촌과 공장으로 내몰고 있습니다.

북한은 생산 수단을 국가와 사회 협동 단체가 가지고 있습니다. 나라의 경제 발전에 주도적 역할을 하는 부문, 즉 모든 자원, 철도·항공·운수·공장·기업·항만·은행 등 모두를 국가가 가지고 있는 것입니다.

한걸음 더

북한의 은행

사회주의 국가인 북한에도 은행은 있는데, 이자율은 3~4% 정도입니다. 저축을 하는 이유는 부모의 환갑이나 결혼, 생일 잔치 등 가정에서 행사를 하는 데 사용하기 위해서라고 합니다.

케이티엑스를 타면 서울에서 부산까지 약 3시간 20분밖에 안 걸려!

　또한 **북한의 경제는 기본적으로 중공업과 군수 공업을 우선으로 합니다.** 중공업은 철공업, 금속 공업 등 무겁고 큰 물건을 만드는 산업이고, 군수 공업은 군대에서 쓰는 물건을 만들고 수리하는 공업을 말합니다.

　그러나 동유럽 공산 국가가 무너지고 소련이 해체되어 경제적으로 어려움을 겪자, 북한은 농업과 경공업, 무역 제일주의로 방침을 바꿨습니다. 하지만 여전히 군사력 증강을 위해 많은 힘과 노력을 쏟고 있습니다.

한라에서 백두까지 2

남북 이산가족 상봉
제1차 남북 이산가족 상봉에서 제21차 이산가족 상봉까지

2000년 8월 15일에 있었던 8·15 남북 이산가족 교환 방문은 한반도를 온통 울음바다로 만들었습니다. 50년이 넘도록 부모 형제의 생사를 확인할 길이 없어 애태우던 이산가족 일부가 만나 기쁨의 눈물을 흘렸습니다. 코흘리개 어린아이를 잃어버렸던 젊은 어머니는 환갑이 된 아들의 얼굴을 쓰다듬는 90세의 꼬부랑 할머니가 되어 버렸고, 아내가 가진 사진 속의 자신보다 훨씬 더 늙어 버린 아들 앞에서 할아버지는 그만 할 말을 잃고 말았습니다.

남북 이산가족 상봉 추이 통계표　　　　　　　　　　　　　출처 : 통일부 (내부 행정 자료)

	계		생사 확인		서신 교환		방남 상봉		방북 상봉		화상 상봉	
	건	인원	건	인원	건	인원	건	인원	건	인원	건	인원
2000	1,234	9,976	792	7,543	39	39	201	1,720	202	674	0	0
2001	1,567	4,535	744	2,670	623	623	100	899	100	343	0	0
2002	668	3,368	261	1,635	9	9	0	0	398	1,724	0	0
2003	1,569	9,790	963	7,091	8	8	0	0	598	2,691	0	0
2004	1,081	6,933	681	5,007	0	0	0	0	400	1,926	0	0
2005	1,558	10,091	962	6,957	0	0	0	0	397	1,811	199	1,323
2006	1,743	11,550	1,069	8,314	0	0	0	0	594	2,683	80	553
2007	1,862	12,734	1,196	9,121	0	0	0	0	388	1,741	278	1,872
2008	0	0	0	0	0	0	0	0	0	0	0	0
2009	497	3,287	302	2,399	0	0	0	0	195	888	0	0
2010	493	3,062	302	2,176	0	0	0	0	191	886	0	0
2011	0	0	0	0	0	0	0	0	0	0	0	0
2012	0	0	0	0	0	0	0	0	0	0	0	0
2013	316	2,342	316	2,342	0	0	0	0	0	0	0	0
2014	170	813	0	0	0	0	0	0	170	813	0	0
2015	503	3,127	317	2,155	0	0	0	0	186	972	0	0
2016	0	0	0	0	0	0	0	0	0	0	0	0
2017	0	0	0	0	0	0	0	0	0	0	0	0

생사 확인 건수 당국 간 이산가족 상봉 행사 및 화상 상봉으로 생사 확인한 남북 총 가족 수와 인원 수를 의미함
상봉 건수 당국 간 이산가족 상봉 행사 및 화상 상봉으로 상봉한 남북 총 가족 수와 인원 수를 의미함
　　　　　　상봉 종류는 방남 상봉, 방북 상봉, 화상 상봉을 따로 표기함
서신 교환 건수 당국 간 이산가족 상봉 행사 및 화상 상봉으로 남북 이산가족 간 서신 교환한 건수 및 인원 수를 의미함

이렇게 이산가족들은 서로를 만나게 되기까지 고통스러운 나날을 견뎌 왔습니다. 그 가슴아픈 사연을 다 알 수는 없지만 상봉 장면을 지켜보는 우리도 함께 눈물을 흘렸습니다.

제20차 이산가족 상봉 행사에서 사촌 동생과 조카를 만난 북측의 선동기 할아버지

  제1차 이산가족 상봉(2000년 8월 15일~8월 18일)을 비롯한 제2차 이산가족 상봉(2001년 11월 30일~12월 2일), 그리고 제3차 이산가족 상봉(2001년 2월 26일~2월 28일), 제4차 이산가족 상봉(2002년 4월 28일~5월 3일), 제5차 이산가족 상봉(2002년 9월 13일~9월 18일), 나아가 처음으로 육로를 이용했던 제6차 이산가족 상봉(2003년 2월 20일~2월 25일), 이후 2015년도 제20차(2015년 10월 20일~10월 26일)와 2018년 제21차(2018년 8월 20일~8월 26일)까지 이루어졌지만, 한반도에 존재하는 모든 이산가족의 숫자를 생각한다면 지극히 일부에 불과합니다. 남북 이산가족 상봉이 가족을 만나지 못한 사람들에게 더 큰 아픔이 되지 않도록 계속적인 만남이 이루어져야 할 것입니다.

  이산가족 문제는 통일의 문제와 상관없이 하루바삐 해결되어야 합니다. 이산의 아픔을 뼈저리게 실감하고 있는 당사자들이 하나둘 세상을 떠나고 있기 때문입니다. 따라서 이 문제는 정치적인 차원에서 해결점을 찾기보다 사람과 사람의 삶과 관계를 소중히 하는 인간 기본의 자세로 풀어 가야 할 것입니다.

군사

남한의 군사 계급을 북한에서는 군사 칭호라고 합니다. 북한군은 군 계급을 원수, 장령, 군관으로 나누는데, 이것은 남한의 장성, 영관, 위관의 구분과 같습니다. 북한의 사병도 남한과 마찬가지로 사관과 병사로 나뉘어 있습니다. 북한은 최근 사병 계급을 더 세분하여 기존의 전사, 상등병의 구분을 전사, 초급 병사, 중급 병사, 상급 병사의 4단계로 나누었습니다.

북한에서도 어른이 되면 군대에 가야 하나요?

체제와 규모_ 북한의 주요 군사 기구로는 당 중앙 위원회, 국방 위원

 한 걸음 더

155마일 휴전선

흔히 155마일 휴전선이라는 말을 씁니다. 굳이 우리에게 익숙하지 않은 마일을 쓰는 이유는, 미군이 한국의 군사 작전권을 갖고 있기 때문입니다. 155마일을 미터법으로 환산하면 약 250킬로미터입니다.

전승 기념일에 평양 시내를 행진하는 북한의 전차

회, 당 군사부, 당 민방위부, 군수 동원 총국, 인민 무력성 등이 있습니다. 이중 최고 군사 지도 기관은 국방 위원회이며, 국방 위원장이 전체 군대를 지휘하며 국방 사업을 지도합니다. 최근에는 군인들이 주요 공장이나 협동 농장 등에 파견되어 주민들을 통제하고 있습니다.

국가적 차원에서 군사를 가장 중요하게 여기는 군사 우선 정책을 추진하고 있는 북한에서는 군을 '혁명의 기둥'이라고 부릅니다. 그리하여 **군사는 북한의 독특한 체제를 유지할 뿐만 아니라 경제와 사회를 감시 감독하면서 북한을 이끌어 나가는 중심 세력**이 되어 있습니다.

북한 인민군도 우리와 마찬가지로 육군(지상군), 해군, 공군으로 구성되어 있습니다. 2016년 『국방 백서』에 의하면 북한의 정규 군대 숫자는 128만여 명에 이른다고 합니다. 이것은 남한의 61만 명보다 2.1배나 많

은 숫자입니다. 주한 미군 2만 8천 명을 포함해도 북한군의 숫자에 한참을 못 미칩니다. 전차, 대포, 잠수함 등 각종 무기도 남한보다 많습니다.

조직_ 북한 인민군 조직의 특징은 총참모장이 군대 전체를 지휘한다는 점입니다. 전쟁이 일어나면 국방 위원회가 최고 사령부로 전환되어 군

국군의 날 기념 행사에서 용맹한 위용을 자랑하는 남한 해병대의 수륙 양용 장갑차

비무장 지대

휴전선에서 남쪽으로 2킬로미터와 북쪽으로 2킬로미터 안에서는 휴전 협정에 의해 무장을 하지 못하게 규정되어 있습니다. 사람이 전혀 살지 않아 동식물의 보고가 되어 있는 이 남북 간의 완충 지역은 군사 충돌을 막기 위해 만들었습니다.

대 전체를 지휘합니다. 전쟁 및 주요 군사 작전의 결정권은 국방 위원장 겸 군 최고 사령관에게 있습니다.

남한의 군사 계급을 북한에서는 '군사 칭호'라고 합니다. 북한군은 군 계급을 원수, 장령, 군관으로 나누는데 이것은 남한의 장성, 영관, 위관의 구분과 같은 것입니다.

북한의 사병도 남한과 마찬가지로 사관과 병사로 나뉘어 있습니다. 북한은 최근 사병 계급을 더 세분화하여 기존의 전사, 상등병의 구분을 전

> 우와, 우리 육군의 탄도 미사일 멋지다!

국군의 날 기념 행사에서 행진 중인 대한민국 육군의 탄도 미사일, 현무

김일성 광장에서 열린 인민군 창건일 기념 열병식

사, 초급 병사, 중급 병사, 상급 병사의 4단계로 나누었습니다.

대상_ 남한에서는 만 18세가 되면 징병 검사 대상자가 됩니다. 그러나 징병 검사를 받은 후에도 대학에 다니거나 그 밖의 타당한 이유가 있을 때는 군대에 들어가는 것을 연기할 수 있습니다.

또한 징병 검사를 받은 후 신체 등위를 1급부터 4급까지 나누어서, 신체 조건이나 형편에 맞게 현역병, 상근 예비역, 사회 복무 요원, 산업 기능 요원, 전문 연구 요원, 예술 체육 요원, 공중 보건 의사, 특수 병과 사관 후보생 등으로 나뉘어 국방 의무를 수행하게 됩니다.

남북한 군사 계급 비교

장성급		영관급		위관급		하사관		사병	
남한	북한	남한	북한	남한	북한	남한	북한	남한	북한
대장	대장	대령	대좌/상좌	대위	대위/상위	준위		병장	상급병사
중장	상장	중령	중좌	중위	중위	원사	특무상사	상병	중급병사
소장	중장	소령	소좌	소위	소위	상사	상사	일병	초급병사
준장	소장					중사	중사	이병	전사
						하사			

평양 김일성 광장에서 열린 인민군 창건일 기념식에 참가한 북한 인민군들

2018년 현재 현역병의 군 생활 기간은 육군이 21개월, 해군 23개월, 공군 24개월입니다.

그러나 **북한에서는 만 18세만 되면 누구나 군대에 가야 합니다.** 단, 신체 부적격자나 월북자, 전과자 등 신분이 불량한 사람과 대학에 가는 사람은 대상에서 제외됩니다.

남북 군사력 비교 출처: 「국방 백서」, 2016

남한				북한		
61만	육군	48만	상비역(명)	128만	육군	110만
	해군	3만 9,000			해군	6만
	공군	6만 3,000			전략군	1만
	해병대	2만 8,000				
	주한 미군	2만 8,500				
3만			특수 부대(명)	20만		
2,514(주한 미군 50)			전차(대)	4,060		
173			주요 전투함(척)	274		
23			잠수함정(척)	73		
556			전투기(대)	545		
0			전술 핵폭탄(기)	20~30기(추정)		
700~800			미사일(기)	1,000~1,500		
0			생화학 무기(t)	5,000		

국군의 날에 행진하는 용맹스러운 대한민국 해병대 병사들

국군의 날을 기념하여 행진을 하는 육군의 자주포 K-9

북한에는 인민군 외에 또 다른 군대가 있나요?

체제와 규모_ 북한은 인민을 무장력의 가장 중요한 요소로 보고 '인민이 혁명적 군사 사업의 주인이며 인민의 무궁무진한 힘과 나라의 모든 잠재력을 조직, 동원해야 한다.'는 김일성의 군사관에 기초해 주민을 동원하고 있습니다.

'교도대', '로농 적위대', '붉은 청년 근위대' 등으로 이루어진

북한의 예비 병력은 약 745만 명에 이릅니다.

조직_ 예비 병력을 지휘하는 일은 인민 무력성과 당 민방위부가 나누어 맡고 있습니다.

교도대는 전쟁이 일어날 때나 평상시 모두 인민 무력성의 통제를 받습니다. 로농 적위대와 붉은 청년 근위대는 평상시 당 민방위부에 속해 있다가 전쟁이 일어나면 인민 무력성의 지휘를 받도록 되어 있습니다.

북한은 정규 군대 외 14~60세까지 전 인구의 약 30%를 예비 병력으로 동원 가능

대상_ 정규 군대를 제외하고 동원할 수 있는 북한의 예비 병력은 14세부터 60세까지 전 인구의 약 30%를 동원 대상으로 하고 있습니다.

교도대(170여 만 명)는 북한의 예비 병력 중 가장 중요한 병력으로, 17~45세의 남자와 17~30세의 미혼 여성으로 이루어집니다. 이들은 전쟁이 일어날 때 정규군으로 나누어서 배치되거나 후방 지역을 방어하는

 한 걸음 더

민간인 통제 구역

휴전선 아래 비무장 지대에 철책선이 있습니다. 그 철책이 있는 곳을 남방 한계선이라고 합니다. 그리고 그로부터 5~20킬로미터 후방에 보이지 않는 선이 또 있습니다. 휴전선 일대의 군 작전과 군사 시설 보호, 그리고 보안 유지를 목적으로 민간인의 출입을 통제하고 있는 선으로 민간인 통제 구역, 또는 민통선이라고 부릅니다.

임무를 수행하게 됩니다.

로농 적위대(410여 만 명)는 46~60세의 남자를 위주로 하되, 17~45세의 남자와 17~30세의 미혼 여성 중 교도대에 속하지 않은 사람들로 구성됩니다.

이들 로농 적위대의 기본 임무는 민방위 업무입니다. 그러나 전쟁이 일어나면 직장 및 주요 시설의 경계는 물론, 지역 방어와 대공 방어 업무를 수행하게 됩니다.

붉은 청년 근위대(120여 만 명)는 14~16세의 남녀 학생들을 대상으로 하고 있습니다. 이들은 로동당 민방위부의 지휘와 통제를 받으며 매주 토요일 4시간씩 연간 160시간의 교내 훈련을 받습니다. 또, 여름 방학을 이용하여 7일간의 붉은 청년 근위대 야영 훈련소 입영 훈련과 비상 소집 훈련 등을 받습니다.

이들은 평상시에는 친위대로서 전투력 향상에 앞장서는 역할을 합니다. 그러나 유사시에는 후방 지역을 방어하거나 군대 하급 간부를 돕게 됩니다. 이를 테면 수비대나 결사대로서의 임무를 수행하게 되는 것입니다.

5 학교생활·교육

남한의 초등학교 과목은 국어, 수학, 과학, 체육, 음악, 미술, 도덕, 사회, 실과, 영어 등입니다. 그에 반해 북한의 초등 교육 기관인 소학교에서는 5년 동안 경애하는 수령 김일성 대원수님 어린 시절, 위대한 령도자 김정일 원수님 어린 시절, 항일의 녀성 영웅 김정숙 어머니의 어린 시절, 국어, 수학, 자연, 체육, 영어, 음악, 사회주의 도덕, 컴퓨터, 위생, 도화 공작 등 총 13개 과목을 가르칩니다.

북한에도 초등학교가 있나요?

남한의 학제는 6-3-3-4제입니다. 즉 남한의 교육 체계는 초등학교 6

 한 걸음 더

북한의 새 학기

북한은 본래 4월 1일이 새 학년 시작일이었는데, 1969년에 9월 1일로 바꿨다가 1996년에 다시 4월 1일로 변경하였습니다. 북한에는 현재 소학교 5,000여 개교, 초급, 고급 중학교 4,200여 개교, 전문 학교 500여 개교, 대학교는 기능인 양성 기관인 농장, 공장, 어장 등을 포함하여 280여 개교가 있습니다.

북한 어린이들은 학교에서 무엇을 배울까?

평양 김일성 광장에 있는 대형 도서관인 인민 대학습당

년, 중학교 3년, 고등학교 3년, 대학교 4년입니다. 반면에 북한에서는 우리의 초등학교와 같은 소학교 5년, 우리의 중·고등학교에 해당되는 초급 중학교 3년, 고급 중학교 3년, 고등 전문학교 2~3년, 단과 대학 3~4년, 종합 대학교 4~7년 해서 5-3-3-4(7)제입니다.

북한에서는 유치원 1년부터 소학교 5년, 초급 중학교 3년, 고급 중학교 3년까지의 12년이 의무 교육으로 지정되어 있습니다.
북한은 의무 교육 기간 동안 중등 일반 지식 교육과 기초 기술 교육을 결합시켜 모든 학생들이 한 가지 이상의 기술을 습득하도록 하는 것을 목표

북한 소학교 1학년들의 수업 장면

초등학교를 북한은 소학교라고 부르는구나!

로 하고 있습니다. **초급, 고급 중학교를 졸업한 뒤 출신 성분이 좋고 성적이 우수한 5% 정도의 학생만이 대학에 진학합니다.**

　북한의 고등 교육 기관으로는 '김일성 종합 대학', '김책 공업 종합 대학', '고려 성균관 대학' 등 3개의 종합 대학과 280여 개의 대학이 있는데,

한 걸음 더 — 북한의 입학 경쟁률

김일성 종합 대학의 경우 평균 5:1, 평양 외국어 대학의 경우 10:1에 이르는 등, 입학 경쟁률이 매우 높습니다. 북한에는 대학 입시 학원은 없지만, 공산당 간부 자녀들의 경우 비밀리에 명문 대학에 재학 중인 학생을 초빙하여 과외를 하기도 한답니다.

각 도에는 농업 대학, 의학 대학, 사범 대학이 있습니다. 그 밖에 체육 및 예술 전문 학교와 기술계 전문 학교가 있습니다.

주요 공장과 기업소 및 산업 지구에는 공장 대학, 대규모의 협동 농장과 수산 사업소에는 농장 대학 및 수산 대학 등이 부설되어 있습니다.

남북한 교육 체계

남한			북한		
교육 기관	교육 기간(년)	연령(만 연령)	교육 기관	교육 기간(년)	연령(만 연령)
유치원		6세 미만	유치원	1	5세
초등학교	6	6~11	소학교	5	6~10
중학교	3	12~14	초급 중학교	3	11~13
고등학교	3	15~17	고급 중학교	3	14~16
전문 대학	2~3	18~20	고등 전문학교	2~3	17~19
단과 대학	4	18~21	단과 대학	3~4	17~20
대학	4~6	18~23	종합 대학	4~7	17~22
대학원(석사 과정)	2	22~23	박사원(석사 과정)	3~3.5	23~25
대학원(박사 과정)	2~3	24~26	박사원(박사 과정)	2~3	26~28
예술 고등학교	3	15~17	예술 학원	11	6~16
체육 고등학교	3	15~17	외국어 학원	11	6~16
외국어 고등학교	3	15~17	혁명 학원	9	8~16

출처: 통계청, 2017

북한의 신학기는 우리보다 한 달 늦은 4월에 시작합니다.

북한의 학교에서는 무엇을 배우나요?

초등 교육_ 남한의 초등학교에서 가르치는 과목은 국어, 수학, 과학, 체육, 음악, 미술, 도덕, 사회, 실과, 영어 등이 있습니다. 그 외에 특별 활동과 학교에서 자체적으로 실시하는 재량 활동 등의 시간이 있습니다.

북한의 초등 교육 기관인 소학교에서는 5년 동안 '위대한 수령 김일성 대원수님 어린 시절', '경애하는 령도자 김정일 원수님 어린 시절', '항일의

 한걸음 더

북한에서의 소비 생활

북한 사람들의 한 달 생계비 중 가장 많은 부분을 차지하는 것은 의복비입니다. 의복의 경우 기본적인 것들은 배급이 되지만 양이 충분하지 않은데다 옷값이 무척 비싸 구입하기가 쉽지 않기 때문입니다. 그동안 주거비와 교육비는 들어가지 않았는데, 고난의 행군 이후 요즘은 집도 매매를 하고 교육비도 많이 들어가고 있답니다.

남북한 초등학교 교과목

남한 초등학교 (1~6학년)							북한 소학교 (1~5학년)
과목＼학년	1	2	3	4	5	6	과 목
국 어	O	O	O	O	O	O	국 어
도 덕			O	O	O	O	수 학
사 회			O	O	O	O	자 연
수 학	O	O	O	O	O	O	사회주의 도덕
과 학			O	O	O	O	체 육
실 과					O	O	위 생
체 육			O	O	O	O	도화 공작
음 악			O	O	O	O	음 악
미 술			O	O	O	O	컴퓨터
외국어(영어)			O	O	O	O	영 어
재량 활동	O	O	O	O	O	O	경애하는 수령 김일성 대원수님 어린 시절
특별 활동	O	O	O	O			
봄	O	O					위대한 령도자 김정일 원수님 어린 시절
여름	O	O					
가을	O	O					항일의 녀성 영웅 김정숙 어머님의 어린 시절
겨울	O	O					

녀성 영웅 김정숙 어머님의 어린 시절', 사회주의 도덕, 국어, 수학, 자연, 체육, 음악, 도화 공작, 영어, 위생, 컴퓨터 등 총 13개 과목을 가르칩니다.

중등 교육_ 남한의 중등 교육은 중학교 3년, 고등학교 3년으로 나누어 이루어집니다. 북한에서의 중등 교육은 초급 중학교에서 3년 고급 중학교에서 3년 동안 이루어집니다.

중학교는 6년 동안 '위대한 수령 김일성 대원수님 혁명 활동', '위대한 수령 김일성 대원수님 혁명 력사', '위대한 령도자 김정일 원수님 혁명 활동', '위대한 령도자 김정일 원수님 혁명 력사', '항일의 녀성 영웅 김정숙 어머님 혁명 력사', '현행 당 정책', '수학, 국어, 외국어' 등 총 23개 과목을

북한의 한의학

북한에서는 '동의학'이라 불리던 한의학을 1993년부터 '고려 의학'이라 변경하여 부르고 있습니다. 한의사는 고려 의사, 한의학부는 고려 의학부, 그리고 한약은 고려 약으로 부릅니다.

남한 초등학생들의 수업 모습

북한은 김일성, 김정일 부자의 우상화 교육을 시키고 있어!

가르칩니다. 이 밖에 일과 후에는 하루 1~2시간씩 체육 등 특기 교육을 실시하고 있습니다.

또한 **중학생이 되면 공장, 기업소, 협동 농장 등에 파견되어 1주일 간 노동을 해야 하며** 방학 기간에는 김일성·김정일의 혁명 전적지, 사적지 등을 답사합니다.

고등 교육_ 북한의 고등 교육은 일반적으로 남한과 마찬가지로 4년 동안에 걸쳐 이루어집니다. 북한의 대학생은 전공 분야와 상관없이 공통 과목으로 '주체 철학', '혁명 력사', '주체 정치 경제학' 등을 배워야 합니다.

또 전공에 따라 20~30개 과목을 배우도록 되어 있으며 특히 영어, 러시아어를 비롯한 외국어를 1개 이상 수료하게 하는 등 외국어 교육을 무척 중요하게 여기고 있습니다.

북한의 교육 제도에서 특이한 점은, 전문 교육과 특수 교육을 어릴 때부터 강조한다는 것입니다. 예를 들어 '체육 학원'에서는 소학교에 들어갈 여섯 살짜리 아동 중에서 소질이 있는 어린이들을 뽑아 운동 선수로 기릅니다. 세계적 수준의 기량을 갖춘 북한의 유명한 선수들은 대부분 이 체육 학원 출신이랍니다.

어릴 때부터 전문 교육과 특수 교육을 강조하는 게 북한 교육의 특징이야!

견학을 가는 남한의 어린이집 아이들

북한 유치원생들의 공연 모습

북한에도 과학과 예술을 배우는 학교가 따로 있나요?

북한의 특수 교육 기관으로는 과학, 수학, 물리 등을 중점적으로 가르치는 '고등 전문 학교'와 러시아어, 중국어, 일어, 영어 등 8개 외국어를 중점적으로 가르치는 '외국어 학원'이 있습니다. 또, 혁명 유가족 및 특권층 자제를 위한 혁명 학원(만경대 혁명 학원, 강반석 혁명 학원, 해주 혁명 학원)이 있고, 무용·음악·조형 예술·교예 등 예·체능 전문 예술 학원이 있습니다.

한걸음 더

고난의 행군

김정일이 제시한 구호. 1994년 김일성 사망 후 경제가 어려워지자 주민들의 희생을 강요하고 사회적 이탈을 막기 위하여 제시하였습니다. 원래는 김일성이 만주에서 일본군을 피해 100여 일 동안 추위와 굶주림을 겪으며 행군한 데서 유래합니다.

한라에서 백두까지 3

금강산 관광과 남북 문화 교류

심각한 식량난을 겪고 있는 북한의 모습이 세계 언론을 통해 알려졌습니다. 또한 남북한 교류가 점점 활발해지면서 통일 문제에 대한 관심이 커져 가고 있습니다.

그러나 통일은 생각보다 쉽지 않을지도 모릅니다. 너무 오랫동안 서로 오해하고 미워하며 살아왔으니까요. 지난 몇십 년 동안 남북은 협상을 계속했으나 만족할 만한 성과를 이루지 못했습니다. 하지만 금강산 관광과 남북 대화, 남북 체육 교류 같은 행사를 통해 통일을 향해 한 걸음씩 다가가고 있는 것만은 분명합니다.

동해항에서 출발해 북한의 장전항을 뱃길로 잇는 역사적인 금강산 관광 사업은 1998년 11월 18일 금강호의 첫 출항으로 시작되었습니다. 금강산 관광은 가까우면서도 가장 먼 곳이었던 북한과 남한을 잇는 유일한 통로가 된 것이지요.

1998년 6월, 남한의 한 사업가(고 정주영 현대 그룹 명예 회장)가 500마리의 소 떼를 이끌고 판문점을 거쳐 북으로 향하는 세계적인 뉴스를 만들어 냈습니다. 이것이 바로 금강산 관광의 첫걸음이 되었습니다.

북한을 향해 떠난 소 떼 행렬은, 개인적으로는 성공해서 고향으로 돌아가는 길에 들고 가는 선물이었고, 크게는 남북의 화해와 통일을 상징하는 '통일 소'였습니다. '통일 소'는 양측의 뿌리 깊은 불신을 해소할 수 있음을 보여 준

많은 사람들이 환호하고 있는 금강산 관광선 취항식 모습

소중한 계기가 되었지요.

　금강산 관광선 금강호가 강원도 동해항을 출발하여 북한의 장전항을 향해 역사적인 항해길을 나섰을 때, 많은 사람들이 눈물을 흘렸습니다.

　그것은 북한이 고향인 실향민이나 이산가족들, 통일을 염원하는 많은 사람들이, 곧 통일이 이루어질 것만 같은 흥분과 기대로 흘린 뜨거운 눈물이었습니다. 금강산 관광은 현대 그룹의 수도로 북한에 있는 금강산을 둘러보는 관광 상품이었지만 남한의 민간인들이 북한을 여행하는 분단 50년사에 새로운 획을 그은 사건입니다.

　하지만 2008년 7월 11일, 남한의 한 관광객이 북한군의 총에 맞아 사망하는 사건이 발생하면서 금강산 관광은 2018년 8월 말 현재까지 중단된 상태입

온 국민의 시선을 농구장으로 잡아 이끈 현대 그룹 주최 남북한 여자 농구 경기

니다.

 남북이 갈라진 채 반 세기가 지나면서 서로 다른 이념과 체제를 발전시킨 남북한이 하루 아침에 통일을 이루어 낼 수는 없을 것입니다. 하지만 어렵다고 해서 통일을 포기해서는 안 됩니다. 우리는 한 겨레 한 민족이기 때문입니다.

 우리를 갈라 놓은 철조망을 걷어 내고 남과 북이 한 민족으로 살아가기 위해서 가장 중요한 것은 바로, 서로 믿고 이해하는 마음을 갖는 것입니다. 서로에 대한 믿음과 이해가 없다면 통일을 이루고 나서도 많은 문제에 부딪히고 말 것입니다.

 그리고 사람이나 편지, 물자 등이 서로 자유롭게 오갈 수 있도록 해야 합니

1998년 6월, 정주영 현대 그룹 명예 회장이 500마리의 소 떼를 이끌고 판문점을 거쳐 북으로 향하는 광경

다. 그래야 우리가 한 민족이며 동포라는 것을 절실히 느끼게 되고, 더 간절히 바라는 마음으로 통일을 위해 노력하게 될 것이 분명하기 때문입니다.

이제 통일은 결코 먼 앞날의 일만은 아닙니다. 금강산 관광과 남북한 농구 경기 대회, 남북 예술단 교류, 남북한 노동자 축구 대회 등과 같은 남북 교류의 기회들을 통해 서로 만나서 정을 나누다 보면 남과 북의 얼어붙었던 마음이 조금씩 녹아 내리기 시작할 것입니다.

그러므로 우리는 통일의 그날이 하루라도 빨리 올 수 있도록 기원하기로 합시다. 또 '더디 가더라도 목표를 향해 제대로 가려는 노력'이 궁극적으로는 통일을 앞당기는 기반이 될 것임을 믿고 통일의 그날을 꿈꿔야 합니다.

사회

남한과 북한의 성비를 살펴보면, 남한에는 여자가 적고 북한에는 남자가 적습니다. 남한의 남녀 성비는, 남자 수가 1970년부터 계속 증가하여 2016년에는 여자 100명당 남자 수가 100.6명으로 나타났습니다. 남자가 여자보다 많은 현상이 꽤 오래 지속되어 온 것입니다. 반면 북한은 남자보다 여자가 많은 현상이 이어지고 있습니다.

남북한 인구를 모두 합치면 얼마나 되나요?

총인구_ 2018년까지 집계된 남북한 총인구는 7,739만 5천 명입니다. 이중 남한 인구가 5,178만 4천 명으로, 북한의 2,561만 1천 명의 2배가 넘습니다. 한편 국토의 면적은 남북한을 비교했을 때 북한이 더 넓습니다. 그러나 인구는 남한이 북한의 2배가 넘기 때문에 남한이 북한에 비해 훨씬 복잡하고 비좁을 수밖에 없습니다.

인구 증가율_ 남한의 연평균 인구 증가율은 1990년 이후 1% 정도의

북한의 수도인 평양 시내 전경

"평양 시내는 집합 주택 중심으로 형성되었어!"

증가율을 보이고 있습니다. 다시 말해서 남한에서는 대략 1년에 45만 명 정도의 인구가 증가한다고 볼 수 있습니다.

북한의 연평균 인구 증가율은 1990년까지 1%대를 유지하였으나 1995년 이후부터 낮아지기 시작하여 1999년에는 0.64%로 남한에 비해 크게 낮은 인구 증가율을 보이고 있습니다. 이것은 공업화 과정에서 여성들의 노동력을 이용하기 위해 여성들의 출산을 제한하는 정책을 펼쳤기 때문입니다. 또한 1994년 말부터 북한 전체가 식량난을 겪으면서 출산은 줄어들고 사망이 늘었기 때문일 것으로 추측됩니다.

평균 수명_ 남한 사람들의 평균 수명은 남자는 78세이고 여자는 84.6

서울 시내의 밤 풍경

서울 시내는 상업용 건축물 중심으로 형성되었어!

세이며, 북한 사람들의 평균 수명은 남자가 66.3세이고 여자는 73.3세입니다. 북한 사람들의 평균 수명이 남한 사람들에 비해 남자는 11.7세, 여자는 11.3세가 각각 낮은 것입니다.

1970년대 초까지는 남한과 북한의 평균 수명이 비슷했으나 현재 차이가 많이 나게 된 이유는, 그동안 경제 사정이 어려워져 식량이 부족하게 되었고 의료 수준도 크게 차이가 나기 때문입니다.

1990년대에 들어와서 경제가 심각하게 어려워지면서 인구가 많이 줄어들자, 북한은 노동력 부족의 문제점이 제기되어 지금은 아이를 많이 낳을 것을 적극 권장하고 있습니다.

남북한 총인구 　　　　　　　　　출처 : 통계청, 2018

시점	남한	북한	남북한
2011	49,937	24,308	74,245
2012	50,200	24,427	74,627
2013	50,429	24,545	74,974
2014	50,747	24,662	75,409
2015	51,015	24,779	75,794
2016	51,246	24,897	76,142
2018	51,784	25,611	77,395

북한의 성분 분류 및 대우

계 층	부 류	대 우
핵심 계층	노동자, 고농(머슴), 빈농, 사무원, 로동당원, 혁명 유가족, 애국 열사 유가족, 8·15 이후 양성된 인텔리, 6·25 피살자 가족, 전사자 가족, 후방 가족, 영예 군인 등	● 당·정·군 간부 등용 ● 타 계층과 분리 ● 특혜 조치(진학, 승진, 배급, 거주, 진료 등에서 특혜 조치)
동요 계층	소·중상인, 수공업인, 소공장주, 하층 접객업자, 중산층 접객업자, 월남자 가족(제2·3부류), 중농, 민족 자본가, 중국 귀환민, 일본 귀환민, 8·15 이전 양성된 인텔리, 안일·부화·방탕한 자, 접대부 및 미신 숭배자, 유학자 및 지방 유지, 경제 사범 등	● 각종 하급 간부 및 기술자 진출 ● 극소수 핵심 계층으로 승격

적대 계층	8·15 이후 전락 노동자, 부농, 지주, 친일·친미주의자, 반동 관료배, 천도교 청우당원, 입북자, 기독교 신자, 불교 신자, 천주교 신자, 출당자, 적 기관 근무자, 체포·투옥자 가족, 간첩 관계자, 민주 당원, 반당·반혁명 종파분자, 처단자 가족, 출소자, 정치범, 자본가, 월남자 가족(제1부류)	● 유해, 중노동에 종사
		● 입학, 진학, 입당 봉쇄 탄압
		● 제재·감시·포섭 대상으로 분류
		  - 제재 : 강제 이주, 격리 수용
		  - 감시 : 지정하여 항시 동태 감시
		  - 포섭 : 집중적 교양
		● 극소수 기본 계층으로 재분류(자녀)

서울 시내 야경. 멀리 엔 타워와 롯데 월드 타워가 보이네요.

성비_ 남한과 북한의 성비를 살펴보면, **남한에는 여자가 적고 북한에는 남자가 적습니다.** 남한의 남녀 성비는, 남자 수가 1970년부터 1990년대 말까지 계속 증가하여 2016년에는 여자 100명당 남자 수가 100.6명으로 나타났습니다. 남자가 여자보다 많은 현상이 꽤 오래 지속되어 온 것입니다. 반면 북한은 남자보다 여자가 많은 현상이 이어지고 있습니다.

평양 시내 야경. 오른쪽에 보이는 탑은 주체 사상탑이에요.

북한에는 아직도 신분의 차이가 있나요?

남한은 개화기를 지나고 근대화를 겪으면서 이전까지 있던 신분제가 없어졌습니다. 그리하여 현재 법적으로 신분, 계급의 차이 없이 평등한 사회 구조를 이루고 있습니다.

반면, 북한은 '온 사회가 정치적으로 단합된 하나의 집단'을 만들기 위해 남북한이 나뉜 이후 수차례에 걸쳐 성분 조사 사업을 실시했습니다. 그리하여 주민의 성분별로 계층을 나누고 그에 따라 직업과 직위를 정하고 있습니다.

남북한의 미인

남한의 남성들은 작은 얼굴에 큰 눈을 가진, 서구적인 여성을 좋아합니다. 그러나 북한의 남성들은 보통 키에 통통한 얼굴의 여성을 최고로 여깁니다. 텔레비전이나 영화에 출연하는 연기자들의 선호도도 그러한 성향에 따라 극명하게 드러납니다.

북한이 이와 같이 사회의 계층 간에 차별화된 구조를 만들어 놓은 이유는, 국가에 반대되는 의견을 가진 사람이나, 정치 체제에 반감을 가질 소지가 있는 사람을 일반 주민들로부터 따로 떼어 놓으려는 데 있습니다.

주민들은 당에서 정해 준 성분에 따라 의식주 생활은 물론이고 진학, 직장 선택 등에 있어 차별 대우를 받게 됩니다.

북한에서는 시·도를 어떻게 나누나요?

북한의 행정 구역은 1945년 해방 당시에는 6도, 9시, 89군이었습니

서울 이태원 거리를 활보하는 남한의 젊은 여성들

북한의 7. 27. 조국 해방 전쟁 승리의 날을 기념하는 대규모 공연

북한은 성분별로 계층을 나누고 그에 따라 직업과 직위를 정하고 있어!

다. 그러나 1952년 12월 행정 체계와 행정 구역 개편을 통해 도(특별시), 시·군(구), 읍·면·리(동)의 4단계 행정 구역 체계 중 면을 폐지하였지요.

그 후 50여 번의 행정 구역 개편을 실시하여 도(특별시, 직할시), 시·군(구역), 읍·리(동, 노동자구)의 3단계 행정 구역 체계로 개편하고, 군 지역을 다시 나누었습니다. 이에 따라 현재 북한에서 사용하고 있는 행정 구역은 9개도, 1직할시, 2특별시, 24시, 145군, 37구역, 2구, 5지구, 145읍, 1,135동, 3,230리입니다. **지역의 행정 구역은 남한에서 일반적으로 통용되고 있는 지명과는 상당히 많은 차이를 보이고 있습니다.**

북한의 행정 구역에서 특이한 것은 267개의 노동자구입니다. 이것은 노동자들을 좀 더 쉽게 파악하고 관리하여 생산성과 효율성을 높이기 위

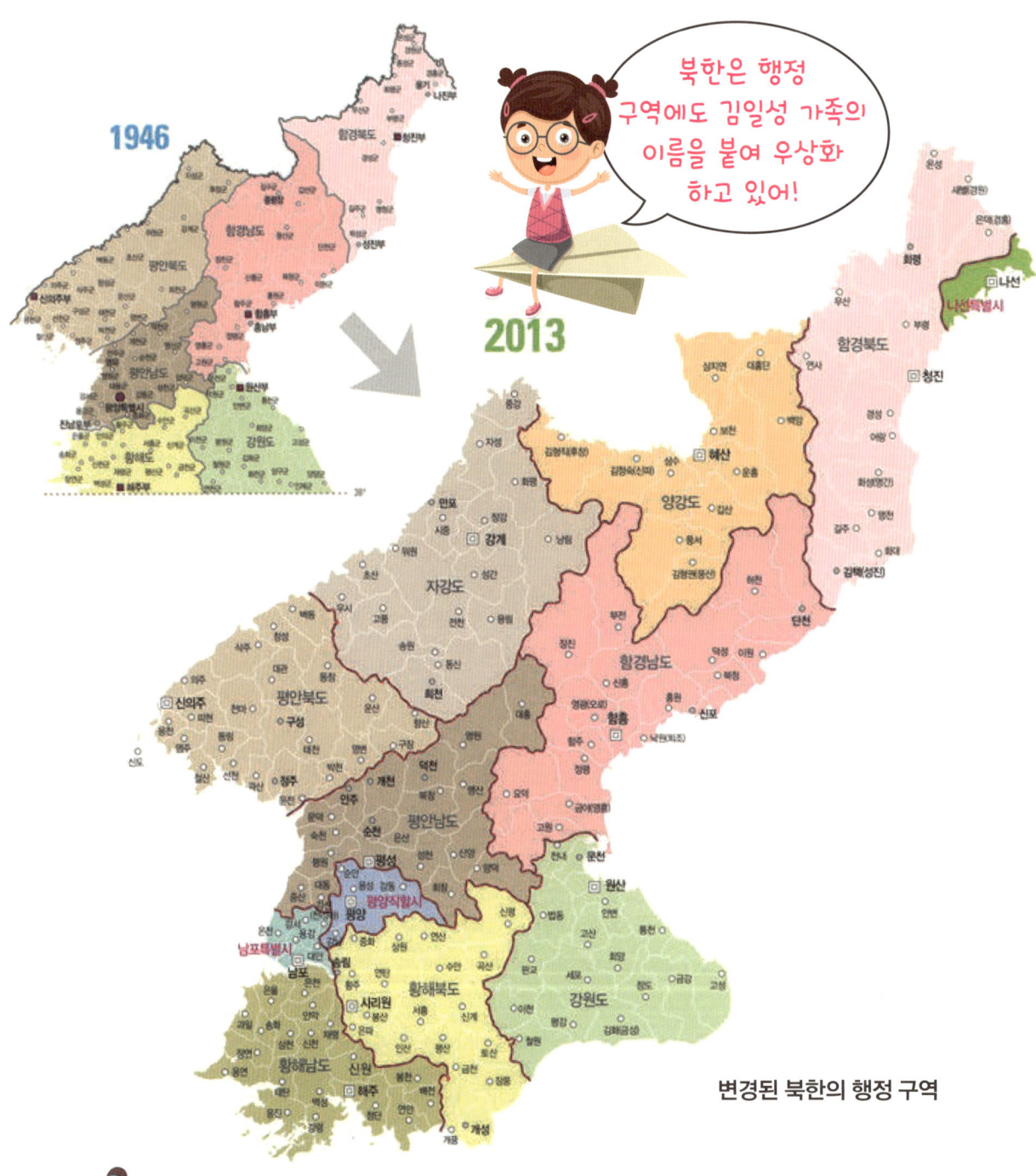

변경된 북한의 행정 구역

천리마 운동과 평양 속도

북한은 1950년대 후반부터 천리마 운동을 벌였습니다. 이 경제 건설 운동을 추진하는 과정에서 '평양 속도'라는 말이 생겨났는데, 평양 속도란 놀라운 건설 속도를 말하는 것으로, 건축에 조립식 방법을 적용해 살림집 한 세대를 불과 14분 만에 세우는 기적을 이룩하였습니다. 또한 7천 세대분의 자재와 자금으로 2만 세대의 집을 건설하기도 했습니다. 그러나 남한의 집과는 비교할 수 없을 정도로 조악한 수준이었습니다.

열띤 회의를 하고 있는 회사원들(서울)

해 광산이나 염전, 공장, 발전소, 어장, 특수 농장 등에 설치한 일종의 특수 촌락입니다.

또다른 특징은 과거의 행정 구역 이름을 전혀 다른 명칭으로 새롭게 바꾸어 놓은 것입니다. 예를 들어 량강도 신파군을 김정일의 어머니 이름을 붙여 '김정숙군'으로, 량강도 후창군을 김일성의 아버지 이름을 붙여 '김형직군'으로 바꿔 부르는 것입니다.

또, 함경북도 경흥군을 '은덕군'으로, 경원군을 '새별군'으로 바꾸었습니다. 이런 것들은 모두 김일성 가족을 우상화하거나 사회주의 사상을 반영하기 위한 것입니다.

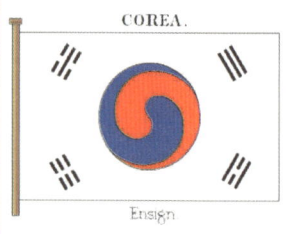
미국 해군성 발행 『해상 국가들의 깃발』(1882년 7월)에 실렸던 '태극기'

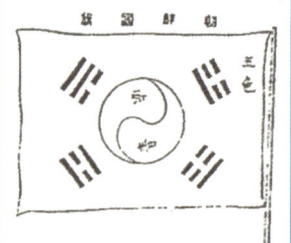
일본 신문 「시사신보」(1882년 10월 2일자)에 실렸던 '조선 국기'

청나라 외교 문서 '통상조약장 정성안휘편'(1883년 3월)에 실렸던 '고려 국기'

태극기의 저본으로 알려진 규장 각 소장 어기(御旗) '태극 팔괘도'

북한의 국화 목란(함박꽃나무)

남한의 국화 무궁화

남북한을 상징하는 것은 무엇인가요?

　남한의 국기는 태극기입니다. 태극기는 흰색 바탕 가운데에 붉은빛 양과 푸른빛 음의 태극을 두고, 사방 대각선상에 검은빛 사괘(천지, 일월, 사시, 사방을 나타내는 무늬)가 그려져 있습니다.

　태극기는 1882년 8월 9일 특명 전권 대사 겸 수신사인 박영효가 일본 선박 메이지마루에서 만들었던 것으로 알려져 있습니다. 한편, 남한의 국가는 애국가이고 나라를 상징하는 꽃, 즉 국화는 무궁화이며 수도는 88년 올림픽이 열린 서울 특별시입니다.

　북한의 국기는 인공기입니다. 가운데 붉은빛과 그 위아래로 푸른빛, 그리고 둥근 흰 바탕 가운데 붉은빛 별이 주류를 이루고 있습니다.

　북한에서도 국가를 애국가라고 부르지만, 남한의 애국가와는 크게 다릅니다. 박세영 작사 김원전 작곡의 국가를 만들어 애국가라 칭하며, 국제 행사에서만 연주합니다. 북한 내에서는 주로 「김일성 장군의 노래」를 국가처럼 부르지요. 북한의 국화는 목란, 수도는 평양직할시입니다.

북한에서는 출장이나 여행을 떠나는 경우에도 '량표'라는 양권을 미리 발급받아 식사할 때마다 양권과 식대를 함께 지불해야 하는 '량표 제도'를 실시해 왔습니다. 그러나 몇 해 전부터 가뭄에 기근이 겹치면서 몹시 식량이 부족해져 '량표'를 식당에 제시해도 배급을 받기 어려운 실정입니다.

출장용 량표. 북한에서는 출장의 경우에도 량표를 가져가야 합니다.

북한 주민들의 하루 일과는 어떻게 짜여져 있나요?

북한은 체제와 당에 대한 충성만을 요구하는 통제 사회입니다. 따라서 북한에 사는 주민들의 생활은 갖가지 제약과 통제 아래 꽉 짜여 있습니다.

101쪽의 표를 보면 '독보회'니 '학습회'니 하는 과목이 있습니다. 이것은 주체 사상과 체제 유지를 위한 교육 시간입니다. 또 당의 정책에 대해

평양 대동강변에 위치한 신주거지 모습. 왼쪽에 보이는 피라미드 모양의 건물은 북한의 최고층 건물인 류경 호텔이에요.

평양의 신주거지야. 현대적인 고층 건물이 눈에 띄네!

교육받는 시간이기도 합니다.

한편, **북한 주민들은 늘 조직 생활을 하도록 되어 있습니다.** 최소한 2개 이상의 조직에 가입하여 일주일에 한두 번의 강연과 해설 강의 모임에 참석해야 합니다. 또한 주 1회 생활 총화, 월 1회 정기 모임 등에 참가해

북한 주민의 기본 일과

시 간	하는 일	비 고
06:00 ~ 06:50	기상, 아침 식사	주부들은 5시 30분에 일어나 아침 식사 준비
06:50 ~ 07:00	출근(등교)	주부들은 출근할 때 아이들을 탁아소에 맡김
07:00 ~ 07:30	독보회	정기 강연회가 있는 날은 하지 않음
07:30 ~ 08:00	작업 준비	
08:00 ~ 12:00	오전 작업(수업)	주부들은 아이들에게 젖을 줌 (30분 동안)
12:00 ~ 13:00	점심	주부들은 아이들에게 젖을 줌
13:00 ~ 14:00	낮잠	
14:00 ~ 18:00	오후 작업(수업)	주부들은 아이들에게 젖을 줌
18:00 ~ 19:00	작업 총화	인민 학교 학생 노력 동원, 군사 훈련 및 조직 활용
19:00 ~ 20:00	학습회, 강평	주부는 18:00 ~ 19:00
20:00 ~ 21:00	퇴근	주부는 19:30 ~ 20:00에 퇴근하면서 탁아소에 가서 아이를 찾음

호화로운 고층 건물이 즐비한 부산 해운대구의 야경

 한 걸음 더

북한 주민들의 취업

북한에서는 모든 주민들을 대상으로 성분 조사를 하여 그 성분표에 따라 직장을 배치하고 있습니다. 북한의 직장은 지각이나 조퇴를 세 번 이상하게 되면 식량 배급 중에서 하루분을 떼어 냅니다. 또 허가 없이 결근을 하면 그날 먹을 식량을 공제당합니다. 만약 아파서 결근을 해야 하는 경우에는 반드시 병원장의 진단서가 있어야 합니다.

야 하므로 자유로운 생활은 거의 상상할 수 없습니다.

특히 생활 총화 시간에는 **조직원끼리 서로의 사생활 태도에 대해 공개적으로 비판 토론을 벌입니다.** 그래서 불평과 불만을 가질 수 없게 하는 한편, 서로를 감시하게 만듭니다.

압록강에서 빨래를 하고 있는 엄마와 수영을 하는 아이

남한의 60~70년대 모습 같아!

북한 주민들은 어떻게 생활하나요?

의생활_ 북한 주민들은 일상복을 배급받습니다. 그러나 최근에는 의류 공급량이 절대 부족하여 일상복은커녕 인민복이나 노동복조차 제대로 공급받지 못하고 있습니다. 그래서 주민들은 농민 시장에서 중국산 의류를 구입하고 있는 실정입니다.

학생들의 교복 사정도 어렵기는 마찬가지입니다. 얼마 전까지만 해도 김일성 부자의 생일날이 되면 2년에 한 번 정도 선물용으로 공급해

 한 걸음 더

북한의 단고기

북한 주민들이 가장 즐기는 음식 중에 단고기라는 것이 있습니다. 단고기는 개고기를 요리한 것인데, 고단백질 식품으로 값이 약간 비싼 것이 흠입니다. 소나 돼지가 부족하던 시절, 단고기는 닭과 더불어 우리 민족의 영양 보충에 절대적인 기여를 하였습니다.

왔습니다. 그러나 최근에는 수요자가 직접 구입하도록 하고 있습니다.

북한 주민들 중 남자는 인민복과 노동복, 여자는 흰 저고리에 검정 치마 한복을 주로 입었습니다. 그러나 단조롭고 획일적이었던 주민들의 의복은 **1960년대 이후 서구 문물이 조금씩 들어오기 시작하면서 양복과 간편복으로** 바뀌기 시작하였습니다.

1990년대 초반 이후부터는 대학생을 비롯한 젊은 층을 중심으로 의복 문화에 변화의 바람이 불었습니다. 청바지나 미니스커트 등 서양에서 유행하는 옷들이 들어오기 시작한 것입니다. 특히 2000년대로 들어서면서 몰래 남한의 가요와 드라마를 듣고 본 북한의 젊은 층 중에서는 남한 사람들의 말투와 옷차림, 머리 모양을 따라하기 시작했습니다. 이러한 북

부산 해운대 해수욕장에서 물놀이를 즐기는 피서객들

한 내의 한류는 주로 평양과 같은 대도시의 고위층이나 부유층의 젊은 자녀들을 중심으로 번지고 있습니다.

식생활_ 북한 주민의 식생활은 배급제에 의해 유지되어 왔습니다. 그러나 1990년대에 접어들면서 홍수 등 자연 재해로 인해 식량난을 겪게 되었고, 1995년 이후에는 사실상 배급 체제가 무너졌습니다.

따라서 주민들은 대부분 농민 시장에서 비싼 가격으로 식량을 구입하거나 텃밭에서 경작하여 얻고 있는 실정입니다. 그러므로 개인의 식성이나 기호에 맞는 식생활은 생각도 하지 못할 상황입니다. 기본적으로 먹어야 할 양도 제대로 먹지 못하고 있는 현실에서 벗어나는 길이 우선되어야 할 처지인 것입니다.

대조적인 남한과 북한의 자전거 도로 풍경이 흥미로워!

북한의 한적한 도시 외곽. 자전거에 아이를 태우고 가는 북한의 노동자

자전거 전용 도로가 잘 갖추어진 도심 공원에서 자전거를 타는 남한 시민

식량 배급은 살고 있는 지역과 신분, 배급 시기에 따라 약간씩 차이가 있습니다. 그러나 쌀과 잡곡을 6:4에서 3:7 정도의 비율로 배합하여 배급하는 것이 일반적인 관례입니다. 배급은 보통 15일마다 실시하고 있으며, 배급 절차는 각 직장에서 발급하는 배급 카드로 마을의 배급소에서 받도록 하고 있습니다.

　북한에서는 출장이나 여행을 떠나는 경우에도 '량표'라는 양권을 미리 발급받아 식사할 때마다 양권과 식대를 함께 지불해야 하는 '량표 제도'

를 실시해 왔습니다. 그러나 최근에는 사정이 악화되어 워낙 식량이 부족한 형편이므로 량표를 식당에 제시해도 배급을 받기 어려운 실정입니다.

또한 된장, 간장, 식용유, 소금 등 양념이나 조미료는 인민반을 통해 배급표가 나옵니다. 그 표를 가지고 식료품 상점에서 물건과 바꾸는 것입니다. 그러나 1995년 이후로는 양념의 배급 또한 중단된 상태입니다. 식용유는 김일성 부자 생일 때 100g 정도 배급되고 있습니다.

기타 부식의 경우 김치, 콩나물, 두부, 야채 등은 농민 시장에서 구입하거나 직접 만들어 먹습니다. 고기류는 국가적 명절이 되면 특별 배급을 통해 개인에게 할당됩니다.

주생활_ 북한의 주택 공급 정책은 **중앙당에서 일정한 기준에 따라 일괄적으로 이루어집니다. 일반 주민은 주택을 소유할 수 없습니다. 다만 이용할 수 있을 뿐입니다.** 따라서 주민들은 계층과 직위에 따라 규격화되어 있는 각 등급의 독립 가옥이나 아파트 등을 할당받아 사용하고 있습니다.

주택은 주로 아파트와 2~3세대용 연립식 주택이며, 그 집에 사는 사람의 사회적 신분이나 계층에 따라 그 형태 및 구조가 다릅니다. 일반 주

북한의 연인들

북한의 연인들은 모란봉 공원, 평양 체육관 앞 광장, 대동강변 오솔길 등 주로 야외에서 데이트를 즐긴다고 합니다. 또한 북한의 남녀가 처음으로 만났을 때는 보통 '아무개 동무', 또는 '아무개 동지'라고 부르다가, 사이가 가까워지면 '자기'라는 호칭을 사용한다고 합니다.

평양에서 열린 열병식에서 환호하는 군중들

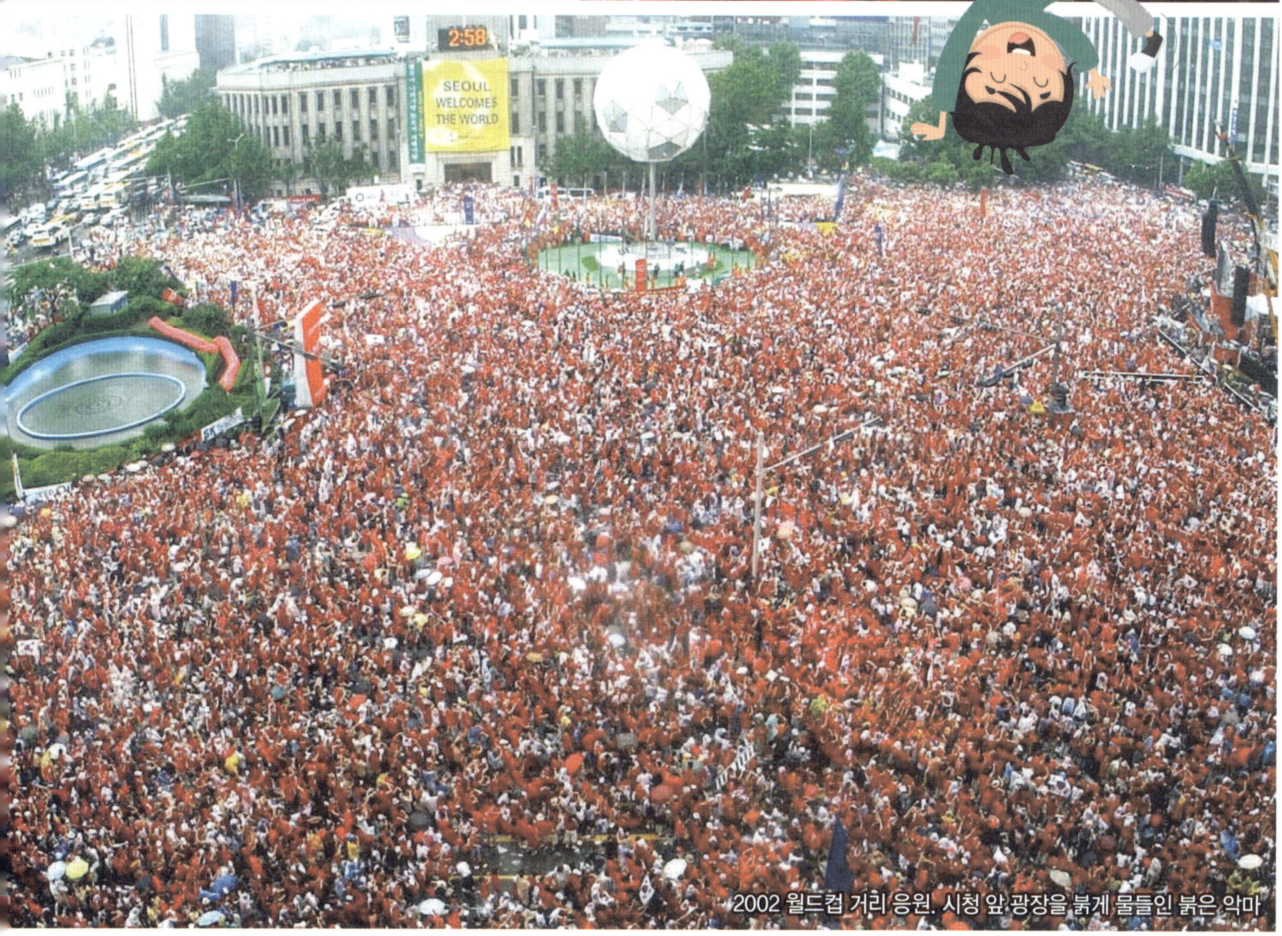

이야~! 우리 민족은 열정의 민족인가 봐!

2002 월드컵 거리 응원. 시청 앞 광장을 붉게 물들인 붉은 악마

민들의 경우 방 1개, 부엌 1개의 2칸 주택이 보통인데, 방 2개 부엌 1개의 3칸 주택에 2가구가 함께 살아야 하는 경우도 있습니다.

북한에서는 어떻게 직장을 구하나요?

북한에서의 직업 선택은 본인의 의사보다는 당과 행정 기관의 조정과 통제에 의해 이루어집니다. 이를테면 **개인의 직장 배치는 각 직장에서 필요한 수에 따라 중앙에서 계획을 세우고, 인원을 할당해 주는 형식으로 이루어지고 있는 것입니다.**

이때 가장 중요한 판단 기준은 성분과 당성이라는 정치적 기준과 실무적 기준입니다. 실무적 기준은 일을 얼마나 잘 해낼 수 있느냐에 관한 것으로 학력, 자격, 실무 능력, 활동력, 근무 년수, 근무 평점 등이 여기에 속합니다.

특히 이 가운데 학력은 신분이 상승될 수 있는 주요한 수단이 됩니다. 북한에서의 직업은 본인의 희망이나 소질, 또는 능력에 상관 없이 국가가 정한다고 해도 과언이 아닙니다. 또한 직장을 옮기는 것 역시 엄격히 통제되고 있습니다.

전통 혼례를 올리는 남한의 신랑과 신부. 전통 혼례는 예법에 따라 경건하고 진지하게 진행돼요.

전통 혼례 모습이야! 무척 진지해 보이지?

서양식보다 훨씬 더 의미가 깊어 보인다!

한 걸음 더

남아 선호 사상

남한에는 아직도 남아 선호 사상이 강하게 남아 있어 사회 문제가 되고 있습니다. 성비의 불균형을 걱정할 지경에까지 이르게 된 것입니다. 북한은 남아 선호 사상을 없애기 위해 호적 제도와 호주제를 폐지했습니다. 또한 '남녀 평등권 법령'을 만들어 남성과 여성의 법적 지위를 동등하게 했으나, 딸만 둘일 경우 아들을 낳기 위해 임신을 하는 경우가 많이 있습니다.

갓 결혼식을 마친 북한의 신혼 부부

> 북한 여성들에게 가장 인기 있는 신랑감은 당 간부의 아들!

북한에도 결혼식장이 있나요?

시기_ 북한의 결혼 규정은 다음과 같습니다. '국가는 청년들이 조국과 인민을 위하여, 사회와 집단을 위하여 보람 있게 일한 다음 결혼하는 사회적 기풍을 장려한다.'

이러한 정부의 규정에 의해 남자의 경우 군복무 관계로, 여자의 경우는 노동에 참여하는 이유로 결혼이 늦어지고 있습니다. 따라서 남자는 보통 군에서 제대하는 30세 초반에, 여자는 24~25세 이후가 되어야 결혼할 수 있습니다.

배우자 선택_ 북한에서는 결혼을 '붉은 혁명 가정 탄생'이라고 해서 상대방의 출신 성분을 중요하게 여깁니다. 출신 성분이 나쁘면 당에서 결혼을 허락하지 않기 때문입니다.

그러나 최근에는 자신의 배우자를 스스로 고르는 연애 결혼이 늘고 있습니다. 배우자를 고를 때는 출신 성분과 직업, 또는 현재 살고 있는 곳을 꼼꼼히 따집니다. **최근에 북한에서 인기가 높은 배우자로는 당 간부의 자녀나 외교관, 무역 회사 직원 등이 꼽힌다고 합니다.**

결혼식_ 결혼식 날짜는 직장 생활에 지장이 없는 일요일이나 근무 시간 이외의 시간으로 정하는 것이 관례였습니다. 그러나 최근에는 남한에서처럼 길흉을 따지거나 좋은 날을 골라서 결혼식을 하는 사례가 점차 늘고 있습니다.

북한에는 예식장이 없기 때문에 일반 주민들의 결혼식은 대개 마을의 공공 회관이나 신랑·신부의 집에서 올립니다. 그러나 일부 상류층은 대형 연회장을 갖춘 평양 옥류관이나 고려호텔에서 호화롭게 올리기도 합니다.

결혼식이 끝나면 신랑·신부는 대개 직장에서 보내 주는 차로 시내 구경을 가거나, 가까운 공원 또는 김일성 혁명 기념관 앞에서 사진을 찍는 것이 전부입니다.

한 걸음 더 — 북한에서의 신랑감과 신붓감

북한 여성들에게 인기 있는 신랑감은 당 간부의 아들, 외교부나 무역부 직원, 군인 들입니다. 청년들이 좋아하는 신붓감은 옷가게 점원, 호텔 요리사, 백화점 직원 등입니다. 이 중에서도 백화점 직원의 인기가 가장 높은데, 이는 출퇴근이 정확하고 생필품을 구해 쓰기가 비교적 쉽기 때문이랍니다.

김일성 생일 축하 공연을 하고 있는 어린 무용수들

음력 설과 추석은 남북한 모두 지내는 우리 명절!

북한에도 명절이 있나요?

북한은 9대 국가 명절과 4대 민속 명절을 공휴일로 정하고 있습니다.

국가 명절 _ 남한은 삼일절, 제헌절, 광복절, 개천절, 한글날 등 5대 국경일이 있습니다. 이외에도 경축일, 기념일을 지정하여 공휴일로 정하고 기념식을 베풀어 경축하고 있습니다.

 한 걸음 더

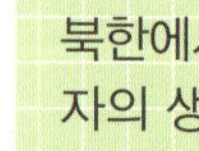

명절과 공휴일

북한에서의 명절은 국가 경축일과 국제 기념일까지를 포함하는 개념입니다. 최대의 명절은 김일성 부자의 생일날이고, 설날과 음력 설, 단오, 추석을 민속 명절로 여겨 근무를 하지 않습니다. 이 가운데 완전 공휴일은 음력 설뿐이고, 나머지는 보충 노동을 해야 하는 대휴 공휴일입니다.

남한의 국경일과 같은 의미로, 북한에서도 국가적으로 경축해야 할 날을 기념하여 국가 명절을 지정해 놓았습니다. 북한의 9대 국가 명절은 김일성과 김정일의 생일, 정권 창건일, 인민군 창건일, 국제 노동자절, 조국 해방 전쟁 승리의 날, 조국 해방 기념일, 헌법절, 로동당 창건일 등이 있습니다.

　북한 최대의 국가 명절은 김일성과 김정일의 생일로, 김정일 생일에서 김일성 생일까지의 기간을 '민족 최대의 명절 월간(기간)'으로 정했습니다. 이때가 되면 다양한 축하 행사를 열고 술, 고기, 과일 등 특식을 주민들에게 나눠 줍니다.

명절에 전통 한복을 곱게
차려 입은 남한의 한 가정

남북한의 국경일과 공휴일

남 한				북 한			
이름	국경일	공휴일	휴일 수	이름	국경일	공휴일	휴일 수
새해		1. 1.	1	설날		1. 1.	2
설날		1. 1.(음)	3	음력 설날		1. 1.(음)	1
삼일절	3. 1.		1	김정일 생일	2. 16.		2
석가 탄신일		4. 8.(음)	1	김일성 생일	4. 15.		2
어린이날		5. 5.	1	인민군 창건일	4. 25.		2
현충일		6. 6.	1	국제 노동자절	5. 1.		1
제헌절	7. 17.			단오		5. 5.(음)	1
광복절	8. 15.		1	조국 해방 전쟁 승리의 날	7. 27.		1
추석		8. 15.(음)	3	조국 해방 기념일	8. 15.		1
개천절	10. 3.		1	추석		8. 15.(음)	1
한글날	10. 9.		1	정권 창건일	9. 9.		1
성탄절		12. 25.	1	로동당 창건일	10. 10.		1
				헌법절	12. 27.		1
계	5회	7회	15일	계	9회	4회	17일

민속 명절_ 북한도 우리 남한과 마찬가지로 양력 1월 1일과 설날인 음력 1월 1일, 단오, 추석 등 우리 전래의 민속절을 4대 민속 명절로 정하고 있습니다.

남북한 모두 명절은 흥겨워!

흥겨운 장단으로 흥을 고조시키는 사물놀이패

북한의 국가 명절인 김일성 탄생 100주념 기념 행사 공연

　북한에서는 1950년대 후반부터 명절의 모습을 찾아볼 수 없었습니다. 그러다가 1972년 남북 대화 이후부터 추석 때 성묘를 할 수 있게 되었고, 1983년에는 일부 민속 명절을 되살렸습니다. 그리고 1988년에 추석을, 그 다음 해에는 설과 단오를 공휴일로 정했습니다.

　북한의 민속 명절은 우리와 달리 공휴일이 아닙니다. 명절이 되면 그날 하루를 쉬는 대신 휴무일 전후 일요일에 일을 해야 합니다.

한라에서 백두까지

북한의 식량난

북한 주민들은 국가에서 배급해 주는 식량으로 밥을 지어 먹습니다. 그러나 1990년대에 접어들면서는 가뭄이나 홍수 등의 자연 재해로 식량 부족 현상이 더욱 심해졌습니다. 그리하여 1995년 이후에는 배급 체제가 사실상 없어져 버렸습니다.

그 결과 주민들 대부분은 농민 시장에 나가 중국에서 밀수입된 농산물을 비싼 가격으로 사거나, 텃밭에서 가꾼 적은 양의 식량으로 겨우 생활을 이어 가고 있답니다.

북한에는 산이 많아 농사를 지을 수 있는 농토가 매우 부족합니다. 또한 농작물을 심어도 잘 자라지 않을 만큼 땅이 척박하기 때문에 항상 식량 부족 현상을 겪어 왔습니다. 식량난을 극복하기 위해 열심히 일하고 절약하는 생활을 하고 있지만, 궁핍한 생활은 좀처럼 나아질 기미를 보이지 않습니다.

한창 자라날 나이의 어린아이들이 부족한 식량 때문에 제대로 음식을 먹지 못해 배고픔으로 고통받고 있습니다. 게다가 의료 시설까지 부족하기 때문에 몸이 아픈 어린이들이 진찰도 제대로 받지 못한 채 병들어 가거나 죽어 가고 있답니다.

최근에 북한을 다녀온 세계 여러 나라의 기자들이 뼈만 앙상하게 남은 북한의 어린이들을 찍은 사진을 공개했습니다. 그러자 참혹한 모습에 놀란 세

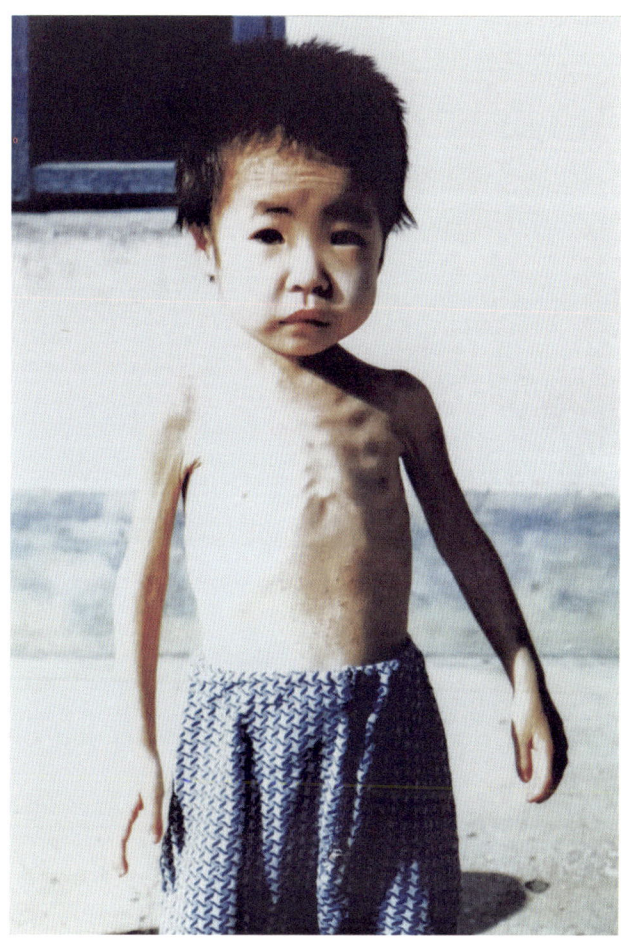

식량난으로 굶주린 북한 어린이의 안쓰러운 모습

계 구호 기구와 남한의 적십자 단체 등에서 식량과 구호 물자를 보내 주고 있습니다.

우리의 반쪽인 북한의 어린이들이 밥을 먹지 못해 고통받고, 앙상하게 말라 가는 동안, 남한에서는 음식 쓰레기 문제로 골치를 앓고 있습니다. 더구나 북한 주민을 돕는 사랑의 손길마저 점점 줄어들고 있는 추세입니다.

이러한 우리들의 모습이 통일의 문턱을 넘는 데 걸림돌이 되지 않도록 작은 일부터 바로잡고, 사랑을 실천하기 위해 노력해야 할 것입니다. 북한 주민들도 우리와 같은 한민족이니까요.

8 문화

60여 년의 세월 동안 남북으로 갈라져 따로 사는 사이에 남북한의 언어는 많은 부분이 달라졌습니다. 이제 남북한은, 서로의 언어들을 해석해 놓지 않는다면 이해하기 어려운 낱말들이 많아졌습니다. 그래서 만약 지금 당장 통일이 된다 하더라도 말의 차이 때문에 많은 혼란이 일어날 것으로 예상됩니다.

북한의 문화 정책은 어떻게 이루어지나요?

북한의 문화 정책은 주민들을 혁명 일꾼, 노동 일꾼으로 만들어 국가

 한 걸음 더

표준어와 문화어

남한의 표준어는 '교양 있는 중류층 사람들이 두루 쓰는 현대 서울말'로 정함을 원칙으로 하고 있습니다. 북한의 문화어는 1966년 김일성 교시에 의해 제정되었습니다. 그 교시에는 다음과 같은 대목이 포함되어 있습니다. '우리말을 표준어라고 하는 것보다 다른 이름으로 부르는 것이 옳습니다. 문화어라는 말도 그리 좋은 것은 못되지만, 그래도 그렇게 고쳐 쓰는 것이 낫습니다. 문화어는 사회주의와 공산주의 건설 시기에 있어 언어 발전의 합법칙성에 맞게 발전시키고 세련시킨 우리 민족어의 최고 형태입니다.'

1391~1393년에 지어진 개성의 남쪽 문(개성 남대문). 원형이 잘 보존되어 있어요.

개성 남대문으로 우리 조상의 숨결을 느껴 볼까?

의 정책을 차질 없이 끌어가기 위한 방향으로 나가고 있습니다. 즉 주민들이 철저하게 사상으로 무장된 상태를 유지하는 데 목적을 두고 있는 것입니다. 또한 서방 세계의 자유 분방한 문화가 주민들에게 전해지는 것을 막고 있습니다.

남한말과 북한말은 많이 다른가요?

남한에 '표준어'가 있는 것처럼, 북한에는 '문화어'가 있습니다. 북한은 1966년 평양말을 중심으로 꾸민 '문화어'를 제정하였습니다. 그 이후 북한의 언어는 공격적인 용어와 전투적인 어법을 많이 쓰게 되었고, 한자어를 우리말로 풀어 쓰거나 외래어를 우리말로 바꿔 쓰기도 하고 있습니다.

북한은 지금까지 약 5만 개 이상의 어휘를 '문화어' 형태로 다듬은 것으로 알려져 있습니다. 문화어 정책 사업의 기본 방침은 다음과 같습니다.

첫째, 한자어는 한글 고유어로 대체하되, 고유어가 없을 때는 '풀이말'로 쓴다.

둘째, 외래어 역시 고유어로 대체한다.

남북한 언어 비교 1 〈주제별 비교〉

	남한의 표준어	북한의 문화어	남한의 표준어	북한의 문화어
외래어와 국명 표기의 차이	트랙터	트랙또르	헝가리	웽그리아
	캠페인	깜빠니아	폴란드	뽈스카
	컵	고뿌	덴마크	단마르크
	라디오	라지오	멕시코	메히코
	탬버린	탐부린	러시아	로씨야
우리말로 바꾼 외래어	헬리콥터	직승 비행기	볼펜	원주필
	원피스	동일옷	슬리퍼	끌신
	투피스	동강옷	서커스	교예
	아이스크림	얼음 보숭이	뮤지컬	가무 이야기
	주스	과일 단물	드레스	나리옷
	피망	사자고추	휴대 전화	손전화
	도넛	가락지 빵	옥타브	돌이
	파스텔	그림 분필	로션	기름 크림
우리말로 바꾼 한자	도화선	불심지	미소	볼웃음
	손자	두벌 자식	옥토	진땅
	주차장	차마당	완숙	다 익기
	인력	끌 힘	혈액 순환	피돌기
	미풍	가는바람	수화	손가락질
	외래어	들어온 말	합병증	따라난 병
스포츠 용어	배영	누운 헤엄	도마 경기	고리틀 운동
	평영	가슴 헤엄	도약 경기	조약 경기
	수중 발레	예술 헤엄	워킹 반칙(농구)	걸음 어김
	자유형	뺄헤엄	투수(야구)	넣는 사람
	링 운동	고리 운동	연타(배구)	살짝 공
	평균대 운동	가름 운동	오프 사이드(축구)	공격 어김

경회루와 개성 남대문의 건축을 보면 우리가 한민족인 것을 느낄 수 있어!

경복궁 경회루

셋째, 정치 용어는 사상 교육에 활용하기 위해 한자어라 할지라도 수정을 가한다.

넷째, 과학 기술 용어 및 대중화된 한자어와 외래어는 그대로 사용한다.

북한의 이 같은 문화어 정책은 조선 로동당에 의해 이루어지고 있습니다. 조선 로동당이 언어의 범위를 제한하고 직접 통제까지 하는 것입니다. 북한은 언어를 사상과 감정을 나타내고 의사를 소통하기 위한 수단으로만 생각하는 것이 아니라, 사회주의 사상을 주민들에게 전파하고 주입시키기 위한 도구로 보고 있습니다. 따라서 말 자체가 남한에서 사용하고 있는 표준어에 비해 선동적이거나 과격하게 들리기 쉽습니다.

또, 우리와 똑같은 말과 글임에도 불구하고 생소한 느낌을 많이 받는 말이 있습니다. 예를 들어, 어떤 소리가 낱말의 첫머리에 발음되는 것을 꺼려 다른 음으로 소리가 나는 '두음 법칙'을 인정하지 않습니다. 그래서 '낙원'을 '락원'이라 하고, '양심'을 '량심'으로, '여성'을 '려성', '내일'을 '래일'로 표기합니다.

한 걸음 더 — 문화어의 특징

- 두음 법칙을 인정하지 않는다.
- 짧은 리듬의 반복과 높내림조 억양.
- 반복을 통한 강조법이 많이 쓰인다.
- 서술형보다 호소성이 강한 문장.
- 의존 명사는 붙여 쓴다.
- 최대한 외래어를 배제한다.
- 된소리 현상이 두드러진다.
- 명령형, 선동형 어투가 많이 쓰인다.
- 특정 인물에 대한 극존대 표현이 많다.
- 문어체보다 구어체 문장을 선호한다.
- 사이시옷을 표기하지 않는다.

북한을 방문한 외국인들 앞에서 장고를 연주하는 북한의 아이들

"색동옷은 예쁘고, 춤추는 젊은이들은 멋지고!"

서울 거리 예술제에서 젊음을 발산하는 남한의 젊은이들

남북한 언어 비교 2 〈일반어 비교〉

남한의 표준어	북한의 문화어	남한의 표준어	북한의 문화어
계란말이	색쌈	곧바로	대미처
국물	마룩	괜찮다	일없다
김매기	풀잡이	구석구석	고삿고삿
누룽지	밥가마치	궁금하다	궁겁다
단무지	무우겨절임	근질근질하다	그닐그닐하다
도시락밥	곽밥	기가 막히다	억이 막히다
들창코	발딱코	눈총을 주다	눈딱총을 주다
만화 영화	그림 영화	도착하다	가닿다
먼 친척	결찌	들락날락	날면들면
뭉게구름	더미구름	떠들어 대다	고아 대다
방 청소	방거두매	무질서하다	무연하다
보조개	오목샘	배웅하다	냄내다
상추	부루	북적북적	욱닥욱닥
소형차	발바리차	비를 잠시 피하다	비그이하다
숨바꼭질	숨을내기	살금살금	발면발면
싸구려 물건	눅거리	살빼다	몸깐다
오두막	마가리	세게 때리다	답새기다
오전	낮전	싹싹하다	연삽하다
올케	오레미	얼떨결에	어망결에
우울증	슬픔증	예방하다	미리막이하다
세탁소	빨래집	오손도손	도손도손
장모	가시어머니	이해하다	료해하다
짙은 화장	진단장	종종	두산두산
채소	남새	허풍떨다	우퉁치다
촌뜨기	촌바우	효과를 내다	은을 내다

하지만 북한의 언어 정책에도 긍정적인 면은 있습니다. **북한은 고유한 우리말을 살리고 생활화하기 위해 과학 기술 용어나 대중화된 외래어 한자어 외에 대부분의 말을 우리말로 고쳐서 사용**하도록 하였습니다.

이처럼 우리말을 그대로 사용하려는 북한의 노력은 남한과는 매우 대조적인 면입니다. 그것은 또한 우리가 본받아야 할 점이기도 합니다.

60여 년의 세월 동안 남북으로 갈라져 따로 사는 사이에 남북한의 언어는 많은 부분이 달라졌습니다. 이제 남북한은 서로의 언어들을 해석해 놓지 않는다면 이해하지 못하는 낱말들이 많아졌습니다. 그래서 만약 지금 당장 통일이 된다 하더라도 말의 차이 때문에 많은 혼란이 일어날 것으로 예상됩니다.

북한의 방송에는 어떤 프로그램이 있나요?

북한의 방송은 정무원에 있는 조선 중앙 방송 위원회가 운영하는 것으로 되어 있습니다. 그러나 실제로는 조선 로동당 선전 선동부가 지시와

통제를 하고 있습니다.

텔레비전_ 남한에는 한국 방송 공사(KBS), 문화 방송(MBC), 서울 방송(SBS), 그리고 교육 전문 채널인 교육 방송(EBS) 등이 대표적인 텔레비전 방송국입니다. 이 외에도 수많은 케이블 방송국이 있습니다.

이들 방송국들은 드라마, 교양, 오락, 스포츠 등을 자체적으로 편성합니다. 그래서 서로 경쟁하는 가운데 나름대로의 프로그램을 기획하고 방송합니다.

북한은 1974년부터 텔레비전 컬러 방송을 시작했습니다. **북한의 텔레비전 방송국으로는 조선 중앙 방송국이 대표적인 방송이며, 그 밖에도 만수대 텔레비전과 개성 텔레비전 등이 있습니다.**

방송 시간은 주당 47시간으로, 평일에는 오후 5시부터 저녁 11시까지 6시간, 일요일과 공휴일에는 오전 10시부터 오후 1시까지, 그리고 오후 3시부터 저녁 11시 30분까지 두 차례로 나누어서 방영합니다.

북한 방송 중에서 어린이 프로그램은 주로 다큐멘터리와 만화 영화, 퀴즈 프로그램으로 짜여져 있습니다. 이 프로그램의 내용은 다른 것들과 마찬가지로 체제에 대한 선전과 협동 정신의 강조, 그리고 과학을 다루는

한 걸음 더

북한의 언론

북한에서의 언론과 출판은 사회주의 혁명 활동을 위한 강력한 무기로, 당이 제시하는 목표를 달성하기 위한 수단으로 활용되고 있습니다. 북한의 언론들은 언론의 기본 기능인 보도, 교육, 오락, 광고 가운데 오락 기능과 광고 기능이 없습니다. 오락과 광고는 자본주의자들이 자신들의 이윤을 추구하기 위해 노동자들을 착취하는 도구라고 규정하고 있기 때문입니다.

평양에서 열린 6·25 전쟁 종전 60주년 기념 군사 행진을 촬영하고 있는 북한 카메라맨

> 북한의 방송국은 조선 로동당의 지시와 통제를 받고 있어!

내용 등으로 이루어져 있습니다.

라디오_ 북한의 라디오 방송은 1945년에 개국한 조선 중앙 방송이 대표적입니다. 방송 시간은 오전 5시부터 다음날 새벽 3시까지로, 22시간 동안 방송하고 있습니다.

중앙 방송은 제1중앙 방송과 제2중앙 방송으로 분리되어 있는데, 제2중앙 방송은 평양 방송으로 명칭이 바뀌었습니다. 또 남한을 대상으로 하는 평양 FM 방송이 있습니다.

한자리에 모여앉아 텔레비전을 시청하고 있는 남한의 어느 가정

남한 가정의 단란한 모습이 보기 좋지?

한편 북한에는 정규 방송인 중앙 방송이나 평양 FM 방송과는 별도로 로동당 중앙위 통일 선전부에서 관장하고 운영하는 구국의 소리 방송이 있습니다.

현재 북한은 이 4종류의 라디오 방송 이외에 10개의 지방 방송국과 10개의 유선 방송국, 200개의 군·구역 방송이 있습니다.

유선 방송은 평양으로부터 각 도·시·군까지 연결되어 공장, 기업소, 협동 농장 등의 유선 방송실을 통해 각 가정의 스피커로 중앙 방송을 중계합니다.

각 가정에 있는 개인 라디오는 모두 거두어들여 채널을 고정

시킴으로써 평양에서 방송하는 것 외에는 어떤 방송도 들을 수 없도록 통제하고 있습니다.

북한의 신문에는 어떤 기사가 실리나요?

북한의 모든 신문사는 국가가 운영권을 가지고 있습니다. 그 대표적인 것으로는 로동당 기관지인 「로동 신문」과 정무원 기관지인 「민주 조선」, 그리고 사로청 기관지인 「로동 청년」 등 3개의 중앙지가 있습니다.

또한 각 도당 위원회에서 펴내는 11여 개의 지방 신문도 발간됩니다. 하지만 언론의 자유가 없습니다. 따라서 사상이나 체제, 국가 정책에 대

언론의 자유가 없는 북한은 신문에서 사상이나 체제, 국가 정책에 대한 비판을 할 수 없어요.

한 비판은 전혀 실리지 않습니다. 단지 당의 정책과 최고 통치권자의 교시를 그대로 옮겨 싣는 데 불과합니다. 이 신문들은 당이나 정부의 간부들 이외에는 개인적으로 쉽게 볼 수 없습니다.

북한에서도 예술 활동을 하나요?

북한에서 '문학 예술'이라는 용어는 문학만을 가리키는 용어가 아니라 문학·음악·미술·공연 예술 등 모든 예술을 가리키는 용어입니다.

문학_ 북한의 문학은 해방 이후 지금까지 60여 년을 거치며 변화했습니다. '당 정책 가요' 등 사회주의 건설을 반영한 작품들과 북한 현실을 주제로 한 작품들이 많이 창작되고 항일 혁명을 형상

북한의 예술은 주로 사회주의를 찬양하는 내용이야!

김일성의 80회 생일을 축하하는 집단 체조 장면. 북한에서는 큰 행사가 열릴 때마다 이처럼 화려한 집단 체조를 선보인답니다.

한류의 주역인 남한의 아이돌 그룹

한류의 주역인 남한의 아이돌 그룹

화한 작품들이 나타나기 시작했습니다.

또한 1990년대에 이르러 식량난을 겪고 국제적으로도 외면받게 되자, 사회 체제가 흐트러지거나 혼란스러워지는 것을 막기 위한 작품들이 많이 나타나고 있습니다. '고난의 행군' 정신과 '내일을 위한 오늘'의 정신을 강조함으로써 사상적으로 흐트러지는 것을 막기 위해 노력하는 한편 '북한식 사회주의'를 찬양하는 작품들을 통해 북한 주민의 사상 교육을 강화하고 있습니다.

그러나 1980년대 후반부터 서정시가 나타나고 소설도 다양한 주제를 가진 작품이 많이 선보이고 있습니다.

음악_ 북한의 음악은 '생활과 인간의 사상과 감정을 진실하게 반영'하는 사회주의적 사실주의의 원칙을 따릅니다.

북한이 음악을 통한 사상 고양을 강조함에 따라 북한에서는 기악곡보다 가사를 통한 의사 전달이 가능한 성악곡을 중시합니다. 따라서 이들 노래의 가사는 당과 김일성에 대한 충성심, 혁명성, 노동 의욕을 불러일으키는 것이 대부분입니다. 사람의 감정을 담은 아름답고 서정적인 가사는 거의 찾아볼 수 없습니다.

북한의 전통 음악은 그 원형이 소멸되거나 많이 변형되었습니다. 그리하여 우리 고유 소리의 탁한 음색과 유장하고 애절한 '서도 소리'나 '민요' 등에 담긴 전통 음악 특유의 거칠고 유장한 맛은 남아 있지 않습니다. 전통 기악도 악기 개량으로 음색이 많이 달라졌습니다. 모든 음을 자유롭게 연주하게 한다는 명목으로 음계가 한정된 전통 악기를 개조한 것입니다.

북한 청소년들의 집단 체조 공연

북한은 우리 전통 음악의 원형이 소멸되거나 변형되었지만, 남한은 유지 전승되고 있어!

거리 공연 중인 우리 전통 판소리 가객

 전통 음악은 인민성이 있다고 판단되는 민요나 노동요 이외에는 대중적으로 연주되지 않지만, 평양 음악 무용 대학을 비롯한 전문 교육 기관에서는 체계적으로 교육하고 있습니다. 그리고 최근에는 민요를 전자 악기와 양악기만으로 연주하는 북한식 경음악으로 편곡하여 연주하고 있습니다.

한 걸음 더 — 우리의 소원은 통일

평소에 북한 주민들이 많이 부르는 노래로는 민요 「노들강변」과 「밀양 아리랑」이 있고, 혁명가로 「조선의 별」이라는 노래가 널리 불리고 있답니다. 그러나 통일의 꽃이라 불린 '임수경'이 북한을 방문한 이후, 북한의 모든 주민들이 즐겨 부르게 된 노래는 단연 「우리의 소원은 통일」이라고 합니다.

서양 음악은 대외용의 연주 및 전문 교육 기관에서의 교육 외에는 거의 연주하지 않습니다.

대중 가요는 노동 의욕을 불러일으키기 위한 경제 선동 가요 등이 노동 현장에서 연주되는 것을 종종 볼 수 있습니다. 이때 주로 사용되는 악기는 아코디언이나 멜로디언, 멜로디카, 관악기 등입니다. 그러나 1990년 이후 북한 전역에서 사랑을 주제로 한 「휘파람」이 선풍적인 인기를 끌고 있고, 또한 팝 그룹인 '보천보 전자악단'과 '왕재산 경음악단'의 공연은 북한에서 대중의 인기를 얻고 있습니다.

한편 **북한의 음악가 양성은 도마다 하나씩 설치된 예체능 전문학교에서 조기 교육을 실시하여 우수한 소질을 가진 어린이를 집중 교육합니다.** 그 결과 국립 교향 악단을 비롯한 북한 교향 악단의 수준은 상당히 높다는 평가를 받고 있습니다.

미술_ 북한에서 '미술은 인민의 생활 감정과 정서에 맞는 참다운 인민적인 미술로 되어야 한다. 또한 당과 혁명의 이익을 위하여 복무하는 혁명적 미술로 되어야 한다'.는 교시에 따라 사회주의적 사실주의와 당의

북한의 국가

북한에서 불리는 애국가는 남한의 「애국가」와는 다릅니다. 박세영이 곡을 만들고, 김원전이 노랫말을 붙인 국가를 새로 제정하여 1947년부터 사용하고 있지요. 그러나 이 음악도 외국과 관계 있는 공식적인 행사 때 노랫말 없이 연주만 하고 있습니다. 북한에서는 모든 국내 행사를 시작할 때에는 「김일성 장군의 노래」를 부르고, 끝날 때에는 「김정일을 찬양하는 노래」를 부릅니다. 1947년 이전에는 남한과 같은 「애국가」 가사에 스코틀랜드 민요를 붙여 「애국가」로 사용했답니다.

혁명을 주제로 하여 사상을 강조하는 북한 미술

지도에 충실한 미술 작품을 요구하고 있습니다.

북한은 참된 미술의 전통을 항일 혁명 미술에서 찾습니다. 그러므로 **북한의 미술에는 기념비 미술이라는 명칭 아래 체제를 선전하는 작품이 많습니다.**

북한에서는 미술의 분야를 사회적 기능에 따라 기념비 미술, 영화 미술, 무대 미술, 장식 미술, 산업 미술, 건축 미술, 일반 미술로 나누고 있습니다. 그 외에 재료와 기법에 따라서는 회화, 조각, 공예 등으로 나누기도 합니다.

북한의 회화에는 조선화, 유화, 벽화, 출판화 등이 있습니다. 조선화는

현란한 붓 터치로 자신만의 감정을 표현한 남한 미술

내 감정을 자유롭게 표현해야지!

동양화의 맥을 이은 것이지만 채색과 서양화 기법을 혼합한 독특한 모습을 보여 주고 있습니다.

조각에는 환각, 부각, 투각 등의 종류가 있는데, 동상으로 대표되는 환각 작품들은 예술적 완성도가 높은 작품이 많습니다. 특히 애국 열사릉, 혁명 열사릉의 군상은 사실주의적이면서도 분노와 비탄, 투쟁 의식이 선명히 드러난 작품으로 선전되고 있습니다.

북한의 공예에는 금속, 자개, 나무 등을 이용한 다양한 유형이 있는데, 만년화라는 독특한 공예도 있습니다.

만년화는 조개 껍데기를 모자이크처럼 붙여 일상 용품을 장식하는 자개 공예입니다. 만년화 작품으로, 김일성이 태어난 곳을 묘사한 「만경대 고향집」이라는 장식화가 유명합니다.

영화_ 영화는 일반 대중을 상대로 하며 호소력이 강하기 때문에 북한과 같은 사회주의 국가에서는 대단히 중요하게 여기는 예술 분야입니다.

특히 북한은 영화를 '직관 예술'이라 하여, 선전·선동 효과를 증진시키는 데 있어서 가장 효과적인 수단이라고 판단하여 어떤 예술 장르보다 중요시합니다.

일반적으로 우리는 영화를 건전한 오락이며 문화 예술 발전에 기여하는 장르라고 인식하고 있습니다. 그러나 **북한 영화는 주민에게 사상을 가르치는 중요한 수단입니다. 그러므로 북한에서는 영화의 내용과 형태가 정해져 있습니다.**

예를 들어 남녀간의 사랑, 친구간의 우정, 가정과 직장에서의 갈등까지도 극적 감동의 효과를 위해 쓰일 뿐 결론은 오로지 당의 뜻에 따라야 한다는 내용입니다. 또한 선과 악을 억지로 구분하거나 대비시켜서 관객들로 하여금 눈물을 흘리게 하는 것이 특징입니다. 뿐만 아니라 오락성을 인정하지 않으므로 작품의 소재나 주제 선택이 한정되어 있습니다. 한마

한 걸음 더

북한 주민들의 취미 생활

북한 주민들은 영화와 연극을 즐기며 1인 1기라 하여 누구나 악기를 다룰 줄 알고 춤도 잘 추며, 노래도 잘 부릅니다. 또한 명절 때면 가정이나 야외에서 윷놀이를 즐기며 중국식 카드놀이인 주패놀이로 한때를 보내기도 합니다. 북한 주민들 대부분이 즐기는 오락은 장기라고 합니다.

디로 북한 영화는 체제 유지를 위한 선전·선동의 차원을 벗어나지 못하고 있습니다.

북한 영화는 1950년대 이후 규모가 커져서 20편까지 이어지는 대작 시리즈 등 방대한 작품 제작에 많은 노력을 기울였습니다. 그러나 그 규모에 비해 선전 효과가 떨어지고, 해외 영화제에서도 외면받

남한에서 영화는 2개 이상의 상영관을 갖추고 있는 복합 상영관(멀티플렉스)에서 상영되고 있어요. 사진은 용산 롯데 시네마 내부 모습이에요.

북한 락원 영화관

자 1984년 이후, 규모를 줄이는 대신 서정성과 사실성을 강화하게 되었습니다.

북한 영화의 종류로는 예술 영화, 기록 영화, 과학 영화, 아동 영화가 있습니다. 예술 영화는 일반적으로 '극 영화'로 불리는데 **예술·오락성보다는 당이 정해 준 주제에 얽매여 매우 단조롭습니다.**

북한 영화는 '김일성 일대기' 등의 내용을 다루며, 주로 장편이 많고 주제 음악을 중요시하는 특징을 가지고 있습니다.

기록 영화는 크게 순수 기록 영화와 시보 영화로 나누어지는데, 시보

 한걸음 더

북한의 영화

북한의 영화 관람객들 중 70%는 청소년들인데, 이들은 사상 영화보다 외국의 전쟁 영화나 액션물을 선호합니다. 북한에서 상영되는 외국 영화는 대부분 중국이나 동구권 작품으로 문화 예술 전문 채널인 '만수대 텔레비전'을 통해 주말에 3편 정도가 방영됩니다. 북한에서는 새 영화가 나오면 텔레비전과 신문에 빠짐없이 소개된다고 합니다.

로켓 발사 장면을 배경으로 노래를 하고 있는 북한 남자 어린이들

는 우리의 '뉴스'에 해당되고 순수 기록 영화는 규모가 크고 전문적인 기획에 의해 제작됩니다.

과학 영화는 그 대상과 목적에 따라 분류되는데 과학 기술이나 지식을 보급하기 위한 대중 과학 영화, 과학 교육을 목적으로 하는 과학 교육 영화, 과학 자료와 기술 자료들을 취급하는 과학 통보 영화 등으로 나누어집니다. 이들 영화는 높은 차원의 연구를 위한 것보다는 일반 대중의 교양을 위한 것들이 대부분이며 거의 흑백 영화입니다.

아동 영화는 어린이들을 지·덕·체를 갖춘 '공산주의적 새 인간'으로 육성하기 위한 목적으로 제작되고 있습니다. 그 종류로는 지형 영화, 인형 영화, 그림 영화(만화 영화) 등이 있으며, 내용은 주로 공산

조선 시대 상류 계층이 즐겼던 우리나라 전통 성악인 가곡 공연 장면

주의 도덕을 다룬 보편적인 것들이 대부분입니다.

북한의 대표적인 영화로는 예술 영화「피바다」, 기록 영화「수령님 가시는 곳마다 행복이 꽃피네」, 아동 영화「토끼전」,「청개구리 기상대」등이 있습니다.

연극_ 북한의 연극은 영화의 등장으로 한때 쇠퇴했지만 여전히 혁명 교양의 강력한 도구입니다.

북한 연극은 항일 혁명 시기에 김일성이 오가자·무송 등지에서 공연했다는「피바다」,「꽃 파는 처녀」등의 고전적 명작을 중심으로 공연되었습니다. 그리고 김정일이 연극「성황당」을 대규모 무대에 음악, 무용 등을 가미하여 새롭게 창작하도록 지시한 이후 새로운 형태인 '성황당식 혁명 연극' 방식이 발전하게 되었습니다.

1980년대 이후 성황당식 혁명 연극으로 새롭게 창조된 현대극으로는 「초석」, 「조국의 품을 찾아서」, 「이 길을 간다」, 「어머니와 아들」 등이 있습니다.

북한에는 어떤 종교가 있나요?

남한에서는 각자가 원하는 종교를 선택하고 믿을 수 있습니다. 또한 모든 종교 활동이 자유롭습니다. 그러나 **북한과 같은 사회주의 국가에서는 종교를 갖는 것이 허락되지 않습니다.**

북한은 분단 이후, 종교는 지배 계급이 피지배 계급을 억압하고 착취하는 도구로, 제국주의자들이 침략의 도구로 이용해 왔다며 탄압했습니다. 북한에서 종교가 다시 나타나기 시작한 것은 1970년대로, 7·4 공동 성명이 발표되고 남북 대화가 시작되면서 종교 활동이 허락되었습니다. 그리하여 1980년대 말에는 남한의 종교인들과 만나도록 했고, 1990년대에 들어와서는 해외에 있는 종교인들을 북한으로 초청하기도 했습니다.

북한 헌법은 제68조에서 신앙의 자유를 보장하고 있습니다. 북한 헌법

북한의 교회 건설

종교의 자유를 박탈했던 북한 당국이 최근에 이르러 대도시에 교회와 성당을 건설하는 이유는 다음과 같습니다. 첫째, 대외적으로 북한에도 종교의 자유가 있다는 것을 보여 주기 위함입니다. 둘째, 외국 관광객들이 호텔 등 아무 곳에서나 예배를 보면 주민들에게 전파될 가능성이 더 높기 때문입니다. 셋째, 재미 교포 등 외국인 방문객이 내는 헌금이 상당한 수입원이 되기 때문입니다.

북한의 사찰과 승려

부처님 오신 날을 맞아 대웅전 앞뜰 가득 연등이 걸려 있는 남한의 한 사찰

남한에서는 누구나 자유롭게 종교 활동을 할 수 있는데, 북한은 어떨까?

남한 종교별 교세 현황   (문화 체육 관광부, 보도자료, 2009)

구분 종교별	단체 수(개)	교당 수(개소)	교직자 수(명)	신도 수(명) 종교 단체 집계(2008)
불교	103	21,935	49,408	39,581,983
개신교	124	58,404	94,615	11,944,174
천주교	1	1,511	14,597	4,873,447
유교	1	1,049	300	10,185,001
천도교	1	108	1,500	100,000
원불교	1	561	1,886	1,485,938
대종교	1	22	22	
그 밖의 종교	38	6,710	201,488	14,421,511
계	270	90,300	363,816	82,592,054

은 "공민은 신앙의 자유를 가진다. 종교 건물을 짓거나 종교 의식을 행하는 것이 보장된다. 그러나 **종교를 위해 외세를 끌어들이거나 국가 사회 질서를 해치는 데 이용할 수 없다.**"고 밝히고 있습니다.

현재 북한의 종교 단체로는 조선 불교도 연맹, 조선 그리스도교 연맹, 조선 가톨릭교 협회, 조선 천도교회 중앙 지도 위원회 등 4개의 종교 단체와 이들 단체들의 협의체인 조선 종교인 회의가 있습니다.

하지만 우리가 자유롭게 종교 활동을 하는 것에 비해 북한에서는 통제를 받으면서 일부에서만 이루어지고 있는 것이 현실입

통일이 되면 북한에 있는 고구려나 고려의 유적지를 가 볼래!

유네스코 지정 세계 문화유산으로 등재된 경주 불국사

니다. 현재 북한에서 자율적인 종교 활동은 거의 불가능하며 종교 단체는 정부의 지원과 승인 아래 활동하고 있습니다.

북한에서 가장 유명한 관광지는 어디인가요?

북한은 모든 분야가 통제된 사회이기 때문에 사적지와 유적지, 문화재, 자연 경승, 향토 특산물 등의 관광 자원에 대한 보호와 관리가 잘 되어 있습니다.

내륙 산간 지대와 해안 지대에는 자연 경관이 뛰어난 경승지와 명소가 많은데 이 가운데 금강산이나 묘향산과 같은 이름난 산과 명사십리, 몽금포 등은 대표적인 관광 명소입니다. 또한 곳곳에 있는 맑은 호수와 깨끗한 산, 그리고 계곡은 훌륭한 관광 자원이 되고 있습니다.

북한의 문화 유적지는 주로 평양 일원이나, 함흥, 개성에 집중되어 있습니다. 선사 유적지는 압록강, 두만강, 대동강 유역에서 많이 발견되며 고구려, 고려, 조선의 유적은 평양, 함흥, 개성에 주로 남아 있습니다. 그러나 선사 유적과 고구려 고분, 산간 지역 사찰 등 상당수의 유적과 문화재가 아직 일반인에게 공개되지 않거나 접근하지 못하도록 되어 있습니다.

북한 주민들에게 허용되는 관광이라야 겨우 김일성·김정일과 관련된 사적지 방문이 거의 전부입니다. 또한 백두산과 금강산 등에는 김일성과 김정일의 우상화와 관련된 글씨를 수많은 암벽에 새겨 넣어 자연 경관이 크게 훼손된 예도 있습니다.

 한 걸음 더

북한을 찾은 외국인 관광객

북한은 외국 관광객들에게까지도 전체 면적의 40% 미만 지역 내에서만 여행을 허용하고 있습니다. 그리고 북쪽 국경 지대, 동서 해안 지대, 남쪽 군사 분계선 근처는 아예 여행을 금지하고 있습니다. 이는 그 구역 안에 군사 시설, 정치범 수용소, 핵 시설 등 주요 군사 시설이나 산업 시설이 있어 공개하기를 꺼리기 때문입니다.

북한의 묘향산에 있는 천년 사찰 보현사

북한이 관광 자원으로 지정하고 있는 곳은 평양과 그 주위의 성곽, 사찰, 동명왕릉, 단군릉 등으로 그 대상이 지극히 한정되어 있습니다.

외국 관광객들에게 개방된 대표적인 사찰은 묘향산의 보현사와 개성의 관음사 정도입니다. 그리고 사적지의 경우에도 평양과 그 주변에 있는 유적과 개성의 왕릉, 성곽, 성균관, 고려 왕궁터 정도에 불과합니다.

북한의 관광 명소로 출발!

체육 전문인 양성 기관으로는 조선 체육 대학과 중앙 체육 대학원, 각 도의 체육 전문 학교, 사범 대학과 교육 대학의 체육학부 등이 있습니다. 그 밖에 체육학과나 연구 기관 등도 설치·운영하고 있습니다. 중앙 체육 대학원은 10년제로, 인민 학교 졸업생 중 체육 특기자를 선발하여 전문 교육을 실시하는 학교인데, 국가 대표 후보 선수를 양성하는 데 주력하고 있습니다.

북한의 체육 정책은 어떻게 이루어지나요?

북한 체육은 인민 대중을 혁명과 건설, 그리고 국방에 이바지할 수 있는 공산주의적 인간으로 기르고자 하는 데 목적이 있습니다.

북한은 매달 둘째 일요일을 '체육의 날'로 지정하고 각 지역 및 각급 단체별로 각종 체육 경기를 개최하고 있습니다. 한마디로 모든 북한 주민들이 체육을 생활화하고 있습니다.

평양시 외곽 대동강변에 있는 능라도 경기장

북한의 체육 시설 현황

출처:「북한 개요」, 2018

구 분	명 칭	규 모	용 도	특 징
실내 체육관	평양 체육관	20,100석	18개 종목의 실내 경기 및 군중 집회 가능	북한 최대의 실내 체육관
	평양 빙상관	6,000석	빙상 운동 및 배구, 농구, 정구장으로 활용 가능	3층 원추형 건물
	삼지연 빙상 경기장	3,000석	스피드 스케이팅, 빙상 하키, 피겨 등	심판원실, 휴게실, 방송실, 편의 봉사 시설 등 구비
	창광원 경기장	2,000석	수영, 수구, 다이빙 등 국제 경기 가능	기록 1/1000초까지 측정 가능
옥외 경기장	김일성 경기장	10만 명 수용 가능	축구, 육상, 집단 체조 및 각종 군중 집회 장소로 활용	인조 잔디 및 조명 시설
	5·1경기장	15만 명 수용 가능	육상, 축구 및 각종 체육 행사의 주 경기장	잔디 시설, 조명 및 전광 모니터 설치
	량각도 축구 경기장	3만 명 수용 가능	축구, 육상 경기장으로 활용	천연 잔디, 조명 시설, 기자실 등 설치
	동평양 경기장	4만 명 수용 가능	축구, 육상 등 종합 경기장	–
종합 체육 단지	안골 체육촌	5만 석	축구, 핸드볼, 탁구, 역도, 배드민턴, 수영, 농구, 배구, 태권도 경기장	옥외 종합 운동장 1개, 실내 체육관 10개, 피로 회복관, 호텔, 식당 등 구비

88 서울 올림픽 메인 경기장으로 사용된 잠실 종합 경기장

북한에서 가장 큰 운동 경기장은 어디인가요?

북한은 체육의 대중화·생활화를 위해 각종 체육 시설을 건설하는 데 많은 노력과 비용을 들여왔습니다.

한걸음 더 - 북한의 체육 대회

북한의 각급 학교에서 매년 9월에 실시하는 체육 대회에서는 '미국놈 까부수기', '탱크 까부수기', '장애물 극복(철조망 밑으로 엎드려 통과)', '화점(토치카) 까부수기', '포탄 상자 나르기' 등 전쟁에 활용할 수 있는 종목들을 정해 놓고 학생들끼리 경쟁하게 하고 있습니다. 학생들의 일상적인 체육 활동은 대개 체육의 날인 매주 토요일과 학교 수업이 끝난 뒤에 실시하고 있으며, 장소는 학교 운동장이나 시·군별로 학생들의 과외 체육을 지도하기 위해 설치된 체육 구락부 같은 장소를 이용하고 있습니다.

2018 평창 동계 올림픽 피겨 스케이팅 페어 부문에 출전한 북한의 태옥림과 김주식 선수의 연기

2010 밴쿠버 동계 올림픽 피겨 스케이팅 여자 싱글 부문에서 금메달을 딴 피겨 여왕 김연아의 아름다운 연기 모습

얼음 위에서 아름다운 연기까지 하다니, 대단해!

특히 1989년 평양에서 개최된 '제13차 세계 청년 학생 축전'을 계기로 평양의 청춘 거리에 종합 체육 단지인 안골 체육촌을 건설한 데 이어 능라도, 량각도 등에도 국제 규모의 대형 경기장을 건설하였습니다.

이러한 **북한의 체육 시설은 각종 정치 집회·집단 체조 등을 위해 대형화되어 있는 것이 특징입니다.** 그러나 이들 시설은 대부분 평양에 있으며 다른 지방 도시의 체육 시설은 평양에 비해 매우 빈약합니다.

북한의 운동 선수들은 어디에서 훈련을 받나요?

북한의 체육 정책은 체육 지도 위원회에서 전반적으로 지도하고 통제합니다. 체육 지도 위원회는 당의 지도 하에 국내외 체육 경기를 조직하며 각종 행사를 조정·통제하고, 인민 체력 검정 실시, 우수 선수 발굴 및 양성 등을 주요 업무로 하고 있습니다.

체육 지도 위원회 밑에는 시·도 단위에 체육 지도 위원회, 시·군 단위에 체육 구락부가 조직되어 있습니다. 체육 지도 위원회는 당의 지도를 받으면서 체육 관련 조직 및 각종 스포츠 행사를 조정합니다. 또한 인민

북한의 운동 선수

북한은 체육 발전을 도모하기 위하여 국가 대표 선수들이나 각 기관의 체육 선수들에게는 일반 주민들보다 우대하고 있습니다. 특히 국제 대회에 출전하여 우수한 성적을 거둔 선수들에게는 '인민 체육인, 공훈 체육인'이라는 칭호를 부여하는 동시에 국가 훈장을 수여하고, 평생 동안 연금을 지급하고 있습니다. 인민 체육인은 올림픽이나 국제 선수권 대회에서 우승한 사람에게 주는 칭호이며, 공훈 체육인은 아시아 선수권 대회의 우승자나 세계 대회에서 좋은 성적을 낸 선수에게 주는 칭호입니다.

2018 평창 동계 올림픽 때 아이스하키 남북 단일팀 경기를 응원하고 있는 북한 응원단

체력 검정을 실시하고 우수 선수 발굴 등의 역할도 합니다. 체육 지도 위원회에는 40개 종목별 협회가 있습니다. 시·군 체육 구락부는 구락부 구성원들에게 체육 정책을 해설하고 선전하여 그들을 체육 활동에 참여하게 하고 그 지역에서 열리는 체육 경기 대회를 주관합니다.

남북이 갈라졌어도 우리는 한 민족! 파이팅!

북한의 체육 전문인 양성 기관으로는 조선 체육 대학과 중앙 체육 대학원, 도 단위의 체육 전문 학교, 사범 대학과 교육 대학의 체육학부 등이 있습니다. 그 밖에 체육학과나 연구 기관 등도 설치·운영하고 있습니다.

중앙 체육 대학원은 10년제로, 인민 학교 졸업생 중 체육 특기자를 선

전통 행렬을 연출한 서울 올림픽 개막식 장면

발하여 전문 교육을 실시하는 학교인데, 국가 대표 후보 선수를 양성하는 데 주력하고 있습니다.

한편 직업 체육인들은 국가 대표팀으로 구성되어 있는 국가 종합팀을 비롯하여 26개 일반 체육단, 해양 체육단 등에 소속되어 활동하고 있습니다.

북한은 체육인의 사기 진작 및 경기력 향상을 위해 우수 체육인에게 월급, 주택 공급, 직장 알선 등의 특혜를 베풀고 있습니다. 국제 대회에서 메달을 획득한 선수에게는 '인민 체육인', '공훈 체육인' 등의 칭호가 주어지고, '공화국 영웅'이나, '노력 영웅' 칭호도 주어집니다.

부록 ①

아직도 궁금한 게 남았다고요?

 **남한이 통일을 위해 펼치고 있는 대북 정책의 원칙은 무엇인가요?**

 남한은 우선 통일 환경을 만든 뒤 남북이 함께 통일 국가를 이루는 것이 바람직하다는 정책을 기본 원칙으로 삼고 있습니다. 이는 평화를 파괴하는 무력 도발을 허용하지 않고, 흡수 통일을 배제하며, 화해와 협력을 통해 통일을 이루겠다는 것입니다. 지금 당장은 통일을 이루기 어려우므로 우선 남북한 사이에 평화로운 분위기를 만들어 함께 잘살 수 있는 체제를 이루어야 한다는 것이지요.

 **북한이 주장하는 통일 방안인 '고려 연방제'의 내용은 어떤 것인가요?**

 북한의 '고려 연방제'는 남북이 지금까지 있던 정부를 그대로 둔 채 '고려 민주 연방 공화국'이라는 연방 정부를 더 세워 한 민족, 한 국가에 두 개의 정부와 체제를 만들자는 주장입니다. 하지만 원칙적으로, 이상적인 통일 국가의 상태는 한반도에 주권을 가진 국가가 하나만 있는 상태일 것입니다.

 국제 사회에서 우리 민족과 국가를 대표하는 정부가 하나여야 하고, 국내에서 통치권을 행사하는 정부도 하나여야겠지요. 만약 북한이 주장하는 '고

북한 방문에 필요한 북한 방문증(왼쪽)과 해외여행에 반드시 필요한 대한민국 여권(오른쪽)

려 연방제'처럼 한 나라에 두 국가가 생기게 된다면 그것은 참다운 통일이라고 할 수 없을 것입니다.

 **우리가 북한을 방문하기 위해서는 어떤 절차를 밟아야 하나요?**

남한 주민이 북한을 방문하고자 할 때에는 '북한 방문 증명서'를 소지해야 합니다. 방문 증명서는 통일부 장관이 발급하는 것으로 이것을 발급받으려면 발급 신청서, 신원 진술서, 북한 당국 또는 권한 있는 기관에서 작성한 초청장이나 각서를 제출해야 합니다. 제3국을 경유하여 방문하는 경우에도 마찬가지입니다. 아직은 남북 간 방문에 관한 세부적인 의견 교환이 이루어지지 않아서 절차가 꽤 복잡하지요.

하지만 재외 국민으로 영주권을 취득한 자나, 외국 법인에 취업하여 업무상 북한을 방문하는 사람은 출발일 5일 전이나 귀환 후 10일 안에 재외 공관의 장에게 북한 방문 신고서를 제출하면 통일부의 허가 없이도 북한을 방문할 수 있도록 되어 있습니다.

 **북한 어린이들과 친해지고 싶어요. 친구가 될 수 있는 방법이 있나요?**

'남북 어린이 어깨동무'는 통일된 나라에서 더불어 살아갈 남과 북의 어린이들이 서로 친구가 되어 마음을 나누자는 뜻에서 만들어진 모임이에요.

'어깨동무'가 주최한 1차 캠페인 '안녕? 친구야'는 남녘 어린이들이 처음 만나는 북녘 어린이들에게 자기를 소개하고 인사하는 그림을 보내는 것이었습니다. 간단한 자기 소개문을 덧붙인 '내 얼굴 그림 보내기 운동'은 초등학생들에게 큰 호응을 얻었습니다. 얼굴 그림을 제대로 그리지 못하는 유치원 아이들은 자신의 손이나 발에 물감을 찍어 만든 그림을 보내기도 했어요.

이 캠페인은 빠른 속도로 퍼져 나갔습니다. 그래서 시작된 지 한달 만에 무려 5,000여 명의 어린이와 450여 명의 어른들이 회원으로 가입했습니다.

남북 어린이 어깨동무 1차 캠페인, '안녕? 친구야'에 참가한 어린이들

'어깨동무'는 1997년 5월 14일에 '북녘 어린이에게 쌀을' 이라는 주제 아래 열린 '어깨동무 통일 콘서트'를 시작으로 통일을 위한 행사도 벌였습니다. 그 동안 꾸준히 모은 남녘 어린이들의 글과 그림 중 일부가 1998년 11월, 대한 적십자사를 통해 북한에 살고 있는 어린이들에게 전달되었습니다.

또, 1999년 4월에는 강원도 고성의 민통선 안에서 '1999 연어의 꿈 축제'가 마련되었습니다. 연어는 강줄기를 따라 남한과 북한을 가리지 않고 자유롭게 왕래할 수 있는 물고기입니다. 그래서 우리들도 연어처럼 자유롭게 남북을 오갈 수 있기를 바라는 모든 사람들의 바람을 가득 담았답니다.

어린이 여러분들도 이런 행사에 참여해 보세요. 더 빨리 북한 친구들을 만나 볼 수 있을 거예요.

북한에서 남한으로 온 북한 이탈 주민들은 어떻게 생활하나요?

1990년 이후 북한 주민의 탈북은 매년 크게 늘어나고 있습니다. 또한 식량난을 겪으면서 북한을 떠나 중국이나 러시아 등지로 숨어 들어가 몰래 머물고 있는 주민들만도 2~3천 명에 이른다고 합니다. 이러한 북한 이탈 주민에 대해 우리 정부는 법으로 그들을 보호하고 있습니다.

탈북자의 공식적인 용어는 '북한 이탈 주민'이지만, 비공식적 용어인 '새터민'이라는 용어를 사용하고 있습니다. 새터민이 남한에 오게 되면 우선 3년 정도 특별한 보호를 받습니다. 그리고 남한 사회 적응과 직업 훈련을 통해 스스로 사회 생활을 해 나갈 수 있도록 교육을 받고 있습니다. 그 외 새터민 초기 정착금 지급 제도, 취업 지원 제도, 교육 지원 제도, 사회 보장 지원 제도 등의 지원을 받고 있습니다.

남한에서 유행하는 대중 문화가 북한에도 전해지고 있나요?

북한을 방문하고 돌아온 사람이나 새터민들을 통해 북한 주민들도 우리 대중 가요를 부르고 있다는 사실이 확인되고 있습니다. 북한 주민들이 가장 많이 부르는 우리 대중 가요로는 「사랑의 미로」, 「돌아와요 부산항에」, 「총 맞은 것처럼」 등이 있습니다.

북한 전역에 남한 노래가 쉽게 퍼질 수 있는 이유는, '혁명 가요' 위주인 북한 사회에, 감성을 담은 남한의 가요가 주민들의 정서를 자극하기 때문입니다. 우리 가요는 주로 북한과의 왕래가 잦은 연변 동포들을 통해서 전파됩니다. 북한 사회도 예전과는 달리 사람들의 이동이 많아지고 있기 때문에 일단 전파된 우리 가요는 쉽게 북한 사회 전체에 퍼지고 있습니다.

북한에서도 우리처럼 컴퓨터 통신이나 게임을 할 수 있나요?

컴퓨터와 관련된 북한의 수준은 아직까지 우리의 80년대 중후반 수준입니다. 북한에서 개발한 컴퓨터 프로그램으로는 문서 편집기 '창덕', 한글 프로그램 '단군', 표 계산 프로그램 '룡마'와 은별 컴퓨터 기술 무역 센터의 '은바둑'이 있습니다. 북한에서는 최근까지도 컴퓨터가 널리 이용되지 못하고 있는 실정입니다.

북한에서도 인터넷을 이용하여 정보 검색을 할 수 있나요?

북한은 중국 단둥과 신의주 사이에 연결된 해저 광케이블이 평양까지 연결되어 있어서 이를 통해 인터넷을 이용하고 있습니다.

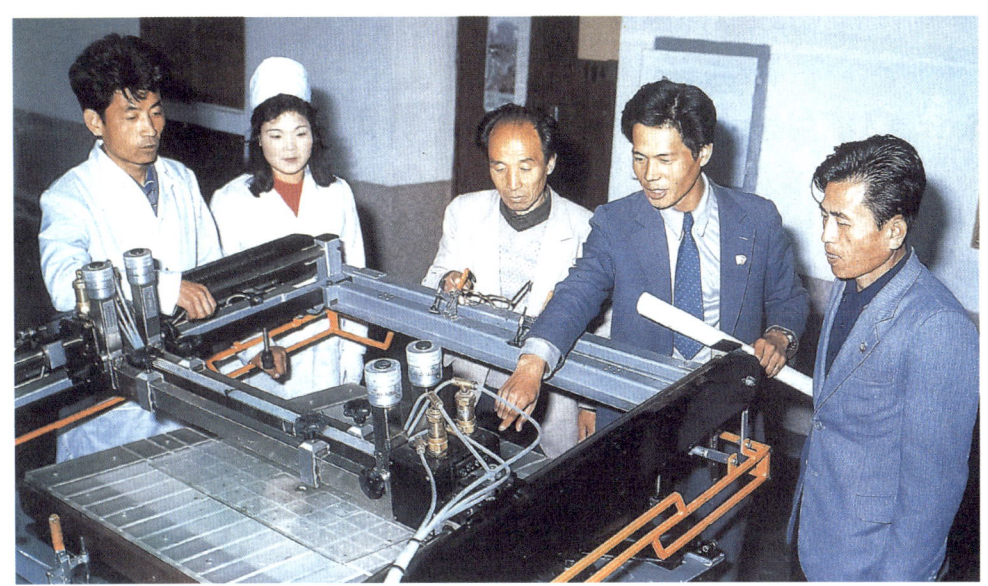

평성시 과학원에서 연구 활동을 하고 있는 과학자들의 모습

　북한 내에서는 내부 광케이블로 연결된 인트라넷을 통해 인터넷에 접속하고 있는데, 현재 북한이 구축, 운영 중인 인트라넷은 중앙 과학 기술 통보사에 호스트 서버를 둔 광명입니다. 광명은 중앙 과학 기술 통보사가 개발한 검색 시스템으로 데이터 검색, 전자 우편, 전자 소식(전자 게시판), 웹사이트 검색 등의 서비스를 제공하고 있습니다. 그러나 북한은 컴퓨터 보급률이 낮아 일반인보다는 주로 학교나 공공 기관 등에서만 사용하고 있습니다.

 **북한에서도 우리처럼 스마트폰을 사용하고 있나요?**

　북한은 2013년 8월 첫 스마트폰 '아리랑'을 생산하였습니다. 그러나 북한의 아리랑폰은 중국의 저가 스마트폰 브랜드인 유니스코프의 U1201의 복제품으로, 중국에서 생산된 제품을 수입하여 이름을 바꾸고 소프트웨어 등을 삽입한 것입니다. 운영 체제는 구글의 인증 없이 구글 안드로이드를 탑재하였으며, 스토어는 자국의 봉사시장을 탑재하였습니다.

부록 ❷

6·15 남북 공동 선언문

　조국의 평화적 통일을 염원하는 온 겨레의 숭고한 뜻에 따라 대한민국 김대중 대통령과 조선 민주주의 인민 공화국 김정일 국방 위원장은 2000년 6월 13일부터 6월 15일까지 평양에서 역사적인 상봉을 하였으며 정상 회담을 가졌다.

　남북 정상들은 분단 역사상 처음으로 열린 이번 상봉과 회담이 서로 이해를 증진시키고 남북 관계를 발전시키며 평화 통일을 실현하는 데 중대한 의의를 가진다고 평가하고 다음과 같이 선언한다.

　1. 남과 북은 나라의 통일 문제를 그 주인인 우리 민족끼리 서로 힘을 합쳐 자주적으로 해결해 나가기로 하였다.

　2. 남과 북은 나라의 통일을 위한 남측의 연합 제안과 북측의 낮은 단계의 연방제 안이 서로 공통성이 있다고 인정하고 앞으로 이 방향에서 통일을 지향시켜 나가기로 하였다.

　3. 남과 북은 올해 8·15에 즈음하여 흩어진 가족·친척 방문단을 교환하며, 비전향 장기수 문제를 해결하는 등 인도적 문제를 조속히 풀어

나가기로 하였다.

4. 남과 북은 경제 협력을 통하여 민족 경제를 균형적으로 발전시키고, 사회·문화·체육·보건·환경 등 제반 분야의 협력과 교류를 활성화하여 서로의 신뢰를 다져 나가기로 하였다.

5. 남과 북은 이상과 같은 합의 사항을 조속히 실천에 옮기기 위하여 빠른 시일 안에 당국 사이의 대화를 개최하기로 하였다.

김대중 대통령은 김정일 국방 위원장이 서울을 방문하도록 정중히 초청하였으며, 김정일 국방 위원장은 앞으로 적절한 시기에 서울을 방문하기로 하였다.

2000년 6월 15일

대한민국 대통령 김 대 중

조선 민주주의 인민 공화국 국방 위원장 김 정 일

한반도의 평화와 번영, 통일을 위한 4·27 판문점 선언

　대한민국의 문재인 대통령과 조선 민주주의 인민 공화국의 김정은 국무 위원장이 2018년 4월 27일 판문점 평화의 집에서 정상 회담을 가진 후 발표한 선언문으로 남북 관계 개선, 전쟁 위험 해소, 비핵화를 포함한 항구적 평화 체제 구축 등을 담고 있다.

　대한민국 문재인 대통령과 조선 민주주의 인민 공화국 김정은 국무 위원장은 평화와 번영, 통일을 염원하는 온 겨레의 한결같은 지향을 담아 한반도에서 역사적인 전환이 일어나고 있는 뜻깊은 시기에 2018년 4월 27일 판문점 평화의 집에서 남북 정상 회담을 진행하였다.

　양 정상은 한반도에 더 이상 전쟁은 없을 것이며 새로운 평화의 시대가 열리었음을 8천만 우리 겨레와 전 세계에 엄숙히 천명하였다.

　양 정상은 냉전의 산물인 오랜 분단과 대결을 하루 빨리 종식시키고 민족적 화해와 평화 번영의 새로운 시대를 과감하게 일어 나가며 남북 관계를 보다 적극적으로 개선하고 발전시켜 나가야 한다는 확고한 의지를 담아 역사의 땅 판문점에서 다음과 같이 선언하였다.

　1. 남과 북은 남북 관계의 전면적이며 획기적인 개선과 발전을 이룩함으로써 끊어진 민족의 혈맥을 잇고 공동 번영과 자주 통일의 미래를 앞당겨 나갈 것이다.

　남북 관계를 개선하고 발전시키는 것은 온 겨레의 한결같은 소망이며 더 이상 미룰 수 없는 시대의 절박한 요구이다.

① 남과 북은 우리 민족의 운명은 우리 스스로 결정한다는 민족 자주의 원칙을 확인하였으며 이미 채택된 남북 선언들과 모든 합의들을 철저히 이행함으로써 관계 개선과 발전의 전환적 국면을 열어 나가기로 하였다.

② 남과 북은 고위급 회담을 비롯한 각 분야의 대화와 협상을 빠른 시일 안에 개최하여 정상 회담에서 합의된 문제들을 실천하기 위한 적극적인 대책을 세워 나가기로 하였다.

③ 남과 북은 당국 간 협의를 긴밀히 하고 민간 교류와 협력을 원만히 보장하기 위하여 쌍방 당국자가 상주하는 남북 공동 연락 사무소를 개성 지역에 설치하기로 하였다.

④ 남과 북은 민족적 화해와 단합의 분위기를 고조시켜 나가기 위하여 각계각층의 다방면적인 협력과 교류 왕래와 접촉을 활성화하기로 하였다.

안으로는 6·15를 비롯하여 남과 북에 다 같이 의의가 있는 날들을 계기로 당국과 국회, 정당, 지방 자치 단체, 민간 단체 등 각계각층이 참가하는 민족 공동 행사를 적극 추진하여 화해와 협력의 분위기를 고조시키며, 밖으로는 2018년 아시아 경기 대회를 비롯한 국제 경기들에 공동으로 진출하여 민족의 슬기와 재능, 단합된 모습을 전 세계에 과시하기로 하였다.

⑤ 남과 북은 민족 분단으로 발생된 인도적 문제를 시급히 해결하기 위하여 노력하며, 남북 적십자 회담을 개최하여 이산가족·친척 상봉을 비롯한 제반 문제들을 협의 해결해 나가기로 하였다.

제20차 남북 이산가족 상봉 행사에서 남한의 김월순(93) 할머니가 북한의 아들 주재은(72세) 할아버지를 만나 오열하는 모습

당면하여 오는 8·15를 계기로 이산가족·친척 상봉을 진행하기로 하였다.

⑥ 남과 북은 민족 경제의 균형적 발전과 공동 번영을 이룩하기 위하여 10·4선언에서 합의된 사업들을 적극 추진해 나가며 1차적으로 동해선 및 경의선 철도와 도로들을 연결하고 현대화하여 활용하기 위한 실천적 대책들을 취해 나가기로 하였다.

2. 남과 북은 한반도에서 첨예한 군사적 긴장 상태를 완화하고 전쟁 위험을 실질적으로 해소하기 위하여 공동으로 노력해 나갈 것이다.

① 남과 북은 지상과 해상, 공중을 비롯한 모든 공간에서 군사적 긴장과 충돌의 근원으로 되는 상대방에 대한 일체의 적대 행위를 전면 중지하기로 하였다.

당면하여 5월 1일부터 군사 분계선 일대에서 확성기 방송과 전단 살포를 비롯한 모든 적대 행위들을 중지하고 그 수단을 철폐하며 앞으로 비무장 지대를 실질적인 평화 지대로 만들어 나가기로 하였다.

② 남과 북은 서해 북방 한계선 일대를 평화 수역으로 만들어 우발적인 군사적 충돌을 방지하고 안전한 어로 활동을 보장하기 위한 실제적인 대책을 세워 나가기로 하였다.

③ 남과 북은 상호 협력과 교류, 왕래와 접촉이 활성화되는 데 따른 여러 가지 군사적 보장 대책을 취하기로 하였다.

남과 북은 쌍방 사이에 제기되는 군사적 문제를 지체 없이 협의 해결하기 위하여 국방부 장관 회담을 비롯한 군사 당국자 회담을 자주 개최하며 5월 중에 먼저 장성급 군사 회담을 열기로 하였다.

3. 남과 북은 한반도의 항구적이며 공고한 평화 체제 구축을 위하여 적극 협력해 나갈 것이다.

한반도에서 비정상적인 현재의 정전 상태를 종식시키고 확고한 평화 체제를 수립하는 것은 더 이상 미룰 수 없는 역사적 과제이다.

① 남과 북은 그 어떤 형태의 무력도 서로 사용하지 않을 때 대한 불가침 합의를 재확인하고 엄격히 준수해 나가기로 하였다.

② 남과 북은 군사적 긴장이 해소되고 서로의 군사적 신뢰가 실질적으로 구축되는 데 따라 단계적으로 군축을 실현해 나가기로 하였다.

③ 남과 북은 정전 협정 체결 65년이 되는 올해에 종전을 선언하고 정전 협정을 평화 협정으로 전환하며 항구적이고 공고한 평화 체제 구축을 위한 남·북·미 3자 또는 남·북·미·중 4자 회담 개최를 적극 추진해 나가기로 하였다.

④ 남과 북은 완전한 비핵화를 통해 핵 없는 한반도를 실현한다는 공동의 목표를 확인하였다.

남과 북은 북측이 취하고 있는 주동적인 조치들이 한반도 비핵화를 위해 대단히 의의 있고 중대한 조치라는 데 인식을 같이 하고 앞으로 각기 자기의 책임과 역할을 다하기로 하였다.

남과 북은 한반도 비핵화를 위한 국제 사회의 지지와 협력을 위해 적극 노력하기로 하였다.

양 정상은 정기적인 회담과 직통 전화를 통하여 민족의 중대사를 수시로 진지하게 논의하고 신뢰를 굳건히 하며, 남북 관계의 지속적인 발전과 한반도의 평화와 번영, 통일을 향한 좋은 흐름을 더욱 확대해 나가기 위하여 함께 노력하기로 하였다.

당면하여 문재인 대통령은 올해 가을 평양을 방문하기로 하였다.

2018년 4월 27일 판문점
대한민국 대통령 문 재 인
조선 민주주의 인민 공화국 국무 위원회 위원장 김 정 은

부록 ❸

남북 교류 관계 일지

1953년 7월 27일	휴전 협정 조인
1972년 7월 4일	7·4 남북 공동 성명 발표
1972년 9월 12일	남북 적십자 회담(서울)
1984년 11월 15일	남북 경제 회담
1985년 5월 27일	남북 적십자 회담(서울)
1985년 9월 20일	이산가족과 예술 공연단이 서울과 평양 방문 및 가족 상봉
1988년 7월 7일	노태우 대통령 7·7 선언
1990년 9월 5일	남북 고위급 회담(서울)
1992년 2월 20일	남북 기본 합의서 합의·발효
1994년 6월 28일	남북 정상 회담 개최 합의
1994년 7월 8일	김일성 주석 사망
1998년 2월 25일	김대중 대통령 햇볕 정책 발표
1998년 4월 11일	남북 비료 회담(베이징)
1998년 11월 18일	금강산 관광선 첫 출항
1999년 1월 4일	김대중 대통령, 한반도 냉전 구조 해체를 위한 포괄적 방안 제시
1999년 6월 26일	남북 차관 회담(베이징)
2000년 6월 13일	남북 정상 회담(평양)
2000년 8월 15일	남북 이산가족 상봉(서울·평양)
2001년 1월 28일	3차 적십자 회담 개최(북한)
2002년 2월 28일	양양~함흥 직항로 개항 추진
2003년 7월 10일	남북 장관급 회담 개최(서울)
2003년 8월 27일	남북한 6자 회담 개최
2004년 12월 15일	개성 공단서 첫 제품 생산
2004년 4월 24일	북한 열차 폭발에 남한 각계 지원 대책
2005년 2월 10일	북, 핵무기 보유 선언
2005년 9월 13일~19일	제4차 6자 회담에서 북, 핵무기와 현존 핵 계획 포기 등 6개 항 공동 성명 발표

2006년 10월 15일	유엔 안보리, 헌장 7조에 의거하여 대북 제재 결의
2007년 5월 13일	남북 철도 연결 구간의 열차 시험 운행과 관련된 합의서
2007년 8월 5일	노무현 대통령의 평양 방문에 관한 남북 합의서
2007년 10월 2월~4일	제2차 남북 정상 회담
2007년 10월 4일	남북 관계 발전 및 평화 번영을 위한 선언(남북 정상 선언)
2008년 7월 11일	금강산 관광객 박왕자 씨, 북한군의 총격에 사망
2008년 11월 24일	북측 개성 관광 전면 차단과 개성 공단, 금강산 관광 지구의 남한의 상주 인원 및 차량에 대해 선별 추방 통보
2008년 11월 28일	개성 관광 지구 및 경의선 철도 운행 마지막 실시 후 잠정 중단
2009년 1월 30일	북, '북남 사이의 정치 군사적 대결 상태 해소와 관련한 모든 합의 사항들을 무효화'하며 남북 기본 합의서에 있는 서해 해상 군사 경계선에 관한 조항들을 폐기할 것을 발표
2010년 3월 26일	천안함 침몰 사태 발생
2010년 5월 24일	남, 개성 공단 제외한 남북 교역 및 교류 중단 등 5·24조치 발표
2010년 11월 23일	북한군, 연평도에 해안포 공격
2011년 2월 8일	남북 고위급 군사 회담 실무 회담 개최
2011년 12월 15일	조선 중앙 TV 김정일 사망 발표
2012년 4월 13일	김정은 국방위 제1위원장 추대
2013년 3월 8일	북, 남북 불가침 합의 폐기, 판문점 연락 채널 단절 선언
2013년 4월 8일	북, 개성 공단 근로자 철수, 가동 중단
2013년 9월 16일	개성 공단 재가동
2014년 2월 20일~25일	금강산에서 이산가족 상봉 행사 개최
2014년 10월 4일	북한의 황병서·최룡해·김양건 방남
2015년 4월 27일	정부, 5·24 조치 이후 첫 대북 비료 지원 승인
2015년 6월 1일	북한, 6·15 공동 선언 행사 각자 지역 개최 의견 통보
2016년 1월 7일	정부, 북한 4차 핵실험으로 개성 공단 '생산 관련 인원'만 출입 허용
2016년 2월 10일	박근혜 정부, 개성 공단 전면 중단 발표
2017년 5월 10일	문재인 정부 출범
2017년 7월 6일	문재인 대통령, 독일 쾨르버 재단 연설, 한반도 평화 정착 위한 '5대 기조, 4대 제안' 제시
2018년 1월 1일	북한 김정은 신년사에서 평창 올림픽에 북한 대표단 파견 밝힘
2018년 2월 10일	북한 고위급 대표단, 청와대에서 문 대통령 접견
2018년 4월 27일	문재인 대통령과 북한의 김정은 국무 위원장, 판문점 평화의 집에서 정상 회담 후 '판문점 선언' 발표

부록 ❹

통일, 왜 해야 하나요?

남과 북으로 갈라진 한반도

단군이 한반도에 최초의 국가 고조선을 연 이래로, 우리는 오랜 세월을 하나의 민족으로 이 땅을 지켜왔습니다. 그러나 근대에 이르러 36년 동안 일본에 나라를 빼앗겼고, 1945년 광복을 한 후에는 외세에 의해 38도 선을 중심으로 남과 북으로 나뉘었습니다. 그 후 1950년 북한의 6·25전쟁으로 남북은 휴전선을 사이에 두고 오늘까지 대치하고 있습니다.

최근 남한과 북한의 두 정상이 만나 회담을 하면서 국민들은 조심스럽게 통일을 이야기합니다. 어떤 사람들은 막대한 통일 비용이 들 텐데 굳이 통일을 할 필요가 있냐고 말하기도 합니다. 하지만 통일 비용이 들더라고 통일을 하는 것이 장기적으로 더 큰 이익이라면 어떨까요?

남과 북이 통일을 하면 좋은 점

❶ 한반도의 국토 확장과 인구의 증가

2018년 현재 남한의 면적은 99,720㎢, 인구는 약 5,180만 명입니다. 북한의 면적은 120,538㎢이고, 인구는 약 2,561만 명이지요. 남북한이 통일을 한다면 국토 면적은 220,258㎢로 커지고, 인구는 7,741만 명으로 늘어납니다.

이렇게 통일된 북한 지역에 남한의 자본이 투자를 하고, 북한의 노동력을 이용하여 산업 단지를 조성하면 일자리 창출과 함께 경제 발전을 꾀할 수 있습니다.

❷ 내수 시장의 확대

우리 경제는 국내 인구가 적어 내수 시장의 규모가 크지 않습니다. 그렇다 보니 수출에 의존하는 경제 구조를 지니고 있습니다. 하지만 통일로 인구가 늘어나면 내수 시장이 확대되어 경제가 더 원활히 움직이게 됩니다.

❸ 지하자원 개발과 경제 발전

북한은 국토의 약 80% 정도에 철, 구리, 금, 아연, 희토류 등 광물 자원이 매장되어 있습니다. 남한의 발전된 기술력으로 북한의 지하자원을 개발한다면 한 해에 약 24조 원에 달하는 해외 자원 수입 문제를 해결할 수 있습니다.

❹ 남북 육로 개방으로 인한 대륙 철도망 시대

통일이 되어 육로가 개방되면 철도를 북한까지 연결할 수 있습니다. 그러면 중국과 러시아를 지나 유럽까지 연결되는 대륙 철도망 시대가 열리게 되지요. 대륙 철도망 시대가 되면 물류비를 줄이는 효과가 발생하고 한반도는 유럽과 아시아의 물류 전초 기지로 떠오르게 됩니다. 또한 해외 여행을 비행기가 아닌 대륙 철도로도 할 수 있게 된답니다.

❺ 국방비 예산 절감 및 군대 모병제

남북 분단으로 인해 한 해 지출되는 국방비는 368억 달러로, 약 30조 원입니다. 통일이 되면 막대한 국방비의 지출을 줄일 수 있습니다. 또한 남자는 의무적으로 군대를 가지 않아도 되고, 직업을 선택하듯 지원하는 사람만 군대를 가게 됩니다.

❻ 이산가족 상봉 및 관광 산업의 발전

남북으로 생이별을 하고 지낸 이산가족들이 서로 생사를 알 수 있고, 만날 수 있습니다. 또한 백두산, 금강산 등의 명산과 고구려, 고려 등의 역사 유적지를 개발하여 관광 산업을 더욱 발전시킬 수 있습니다.